Heidi Grund-Thorpe

Tücher und Schals

modisch gebunden

Weltbild

Inhalt

Kreative Bindetechniken 5

Früher Bekleidungsstück, heute Accessoire 6

Tücher-Traditionen 7
Damals wie heute 7
Finden Sie Ihren Typ 7
Der Frühlingstyp 8
Der Sommertyp 8
Der Herbsttyp 9
Der Wintertyp 9
Die beste Qualität 10
Die richtige Pflege 10
Tücher selbst säumen 11

Halstücher und Schals 12

Großer Reversknoten 12
Effektvolles Schlaufendrapee 14
Einfacher Krawattenknoten 16
Dekorative Kragentücher 18
Tücher mit Ketten 20
Wärmendes Schultertuch 22
Elegante Ausschnittdrapierung 24
Legerer Faltenwurf 26
Ausladender Kragen 28
Rollkragen und Wasserfall 30
Verschlungenes Tuch 32
Lässig geschlungener Schal 34
Schal als Plisseeschleife 36
Kordelschal und Knotentuch 38
Feminine Rose 40
Schleifen im Duett 42
Große Plisseeschleife 44

Kopftücher und Schals 46

Klassischer Cabriolook 46
Orientalisches Stirnband 48

Geknotetes Stirnband 50
Dekorativer Turban 52
Langes Haar geschickt verknotet 54

Oberteile 56

Elegante Abendbluse 56
Tops aus Schal oder Tuch 58
Sonnentops für Stadt und Strand 60
Trägerloses Bikinioberteil 62
Wickeltop mit Überraschung 64
Elegante Bluse mit Wasserfall 66
Extravagantes Abendtop 68

Taillendrapierungen 70

Pashminarock und Wickelkleid 70
Gürtel für Rock und Hose 72
Attraktive Gürtelschleife 74
Eleganter Rock aus zwei Tüchern 76
Klassischer Pareo aus Spitze 78
Legerer Strandrock 80

Bade- und Abendkleider 82

Weste und Abendkleid 82
Bequemes Strandkleid 84
Asymmetrisches Wickelkleid 86
Sonnendress mit Nackenträger 88
Reizvolle Hülle 90
Abendkleid mit Transparenz 92
Exotischer Sari 94

Tücher und Schals von A bis Z 96

Über dieses Buch 96

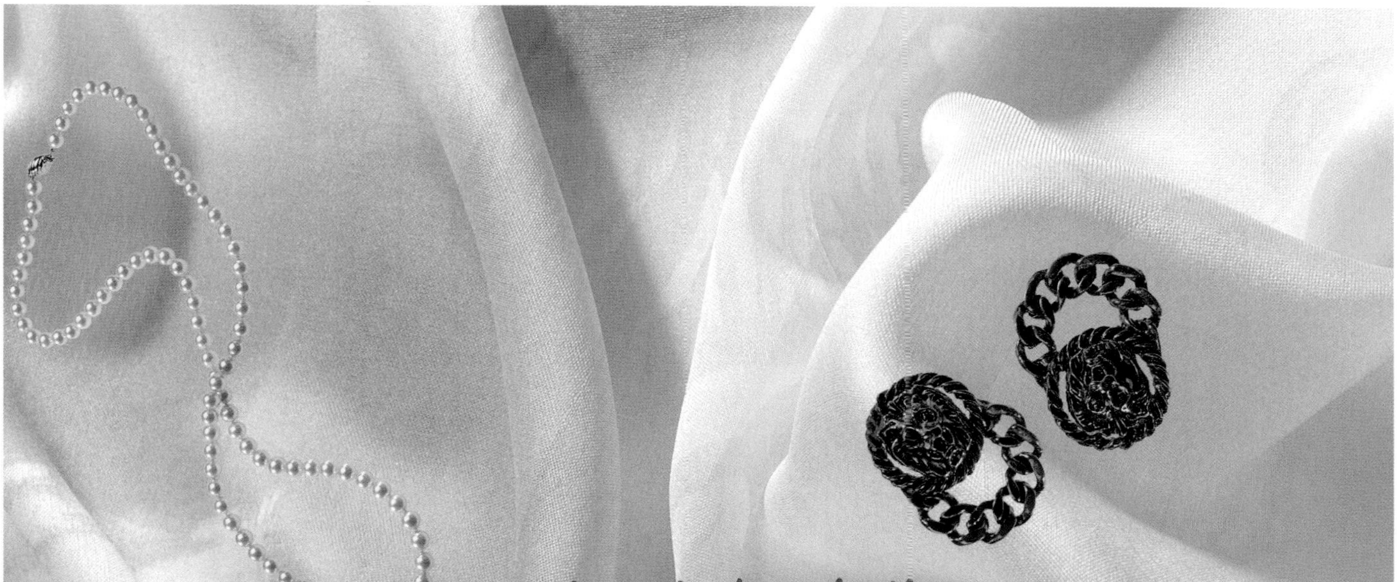

Kreative Bindetechniken

Geht es Ihnen auch manchmal so, dass Sie das Gefühl haben, Ihrem Outfit fehlt der letzte Pfiff oder das gewisse Quäntchen Raffinesse? Probieren Sie doch einmal, den Stil Ihres Pullovers oder Blazers mit einem Tuch oder Schal zu betonen. Oft genügt schon ein einfach umgelegtes Tuch mit einem augenfälligen Muster, dessen Farben die der Bekleidung aufgreifen oder komplettieren. Mit dem gewissen Know-how des Faltens und Knotens erzielen Sie eine elegante Wirkung. Sie können natürlich auch mit Witz ein einfaches T-Shirt aufpeppen.

Sicherlich haben Sie schon einige Schals und Tücher in Ihrem Schrank liegen, mit denen Sie die Wickeltechniken ausprobieren können. Wenn jetzt noch die Farben zu Ihrem Farbtyp passen, dann kann eigentlich nichts mehr schief gehen. Ein edles Tuch, um den Hals gelegt, hebt Ihr Wohlbefinden um ein Vielfaches, und Sie werden schnell Lust bekommen, immer wieder neue Techniken und Kniffe anzuwenden.

Kombinieren Sie auch Ketten, Broschen und Klipps mit Ihren Kreationen. Haben Sie Spaß an der Tüchermode, ganz nach dem Motto »Erlaubt ist, was gefällt«. Ich wünsche Ihnen dabei viel Freude!

Heidi Grund-Thorpe

Früher Bekleidungsstück, heute Accessoire

Zeugnisse dafür, dass Schals als schmückendes Beiwerk um den Hals getragen wurden, findet man bereits auf Abbildungen ägyptischer Pharaonen, die ungefähr 4000 Jahre alt sind. Auch in der Zeit danach tauchen auf Bildern oder bei Statuen immer wieder Schals und Tücher auf. Viele davon haben sicherlich religiösen Ursprung. Noch heute tragen katholische Priester zum Gottesdienst eine Stola, und auch die Juden benutzen ihren Gebetsschal. Spitzenverzierte und aufwändig bestickte Schals in den späteren Zeiten unterstrichen den Reichtum und gesellschaftlichen Status des Trägers oder der Trägerin, denn nur wer Geld hatte, konnte einen reich bestickten Schal bezahlen, an dem mehrere Frauen monatelang gearbeitet hatten.
In den letzten beiden Jahrhunderten wurden Tücher und Schals zum stetigen Begleiter der jeweiligen Mode, hatten sie doch nicht nur schmückenden Effekt, sondern hauptsächlich die Aufgabe, die Trägerin zu wärmen. Daher wurden im Winter Stolen und Schals aus feiner Wolle und Kaschmir mit aufwändigen Verzierungen genäht, während die Tücher für den Sommer aus Seide und Baumwolle gewebt wurden.

Tücher-Traditionen

Auch auf dem asiatischen Kontinent werden bunte Tücher als Bekleidungsstücke verwendet. Eine der bekanntesten und wohl auch schönsten Wicklungen ist der indische Sari. Die Stoffbahnen sind bis zu vier Meter lang und entsprechend dem Verwendungszweck mehr oder weniger aufwändig mit Gold- und Silberfäden gewebt und in leuchtenden Farben gefärbt. Frauen, die einen Sari tragen, strahlen Anmut und Eleganz aus, die kaum durch ein Kleid bester Designerqualität zu überbieten ist.
In den heißen Ländern der Erde sind Tücher oder Pareos alltägliche Bekleidungsstücke, denn sie erlauben genügend Bewegungsfreiheit und verhüllen den Körper, ohne zu wärmen. Auch bei den traditionellen Trachtenkleidern des europäischen Raums finden sich Tücher und Schals als schmückendes und auch wärmendes Element.
Bei den Bindetechniken spielen Tradition und Herkunft eine entscheidende Rolle; die Farben und Muster, aber auch die Webtechniken werden von Generation zu Generation weitervererbt. Mit kreativem Geschick und Gespür für Formen und Materialien gestalten die Trägerinnen aber auch immer wieder neue Wickeltechniken. Oft ist es nur der Knoten, der an einer anderen Stelle sitzt und so einen ganz neuen Effekt schafft. So wird die Kunst des Wickelns und Knotens immer wieder erneuert und behauptet ihren Platz in der Mode.

Damals wie heute

Die Erscheinung eines Menschen drückt sich hauptsächlich durch seine Kleidung aus. Accessoires zeigen die Individualität des Einzelnen, und man kann sehr schnell erkennen, ob jemand stilsicher genug ist, seine eigenen Vorteile zu betonen und die kleinen Nachteile zu kaschieren. Ein interessant gemustertes und gebundenes Halstuch oder ein Schal ziehen die Aufmerksamkeit auf sich und lenken von Körperpartien ab, die weniger vollkommen sind.

Finden Sie Ihren Typ

Damit Sie herausfinden, wie Sie Ihren Typ optimal unterstreichen können, beinhalten die folgenden Seiten eine kurze Farbberatung. Dabei sollten Sie am Anfang festlegen, ob Sie ein kühler Sommer- bzw. Wintertyp oder ein warmer Frühlings- bzw. Herbsttyp sind.

Die genaue Bestimmung der einzelnen Typen finden Sie anhand der Grundmerkmale von Hautton und Haarfarben und den einzelnen, genau zugeordneten Farben heraus.

Glauben Sie, anhand der Beschreibung Ihren Typ gefunden zu haben, probieren Sie mit Tüchern oder Stoffen in den angegebenen Farben aus, wie sie wirken. Stellen Sie sich bei Tageslicht vor den Spiegel, und halten Sie die Farben direkt unter das Kinn. Besonderen Spaß macht die Farbberatung zusammen mit einer Freundin, denn ein Außenstehender kann einzelne Farben oft besser beurteilen als man selbst.

Natürlich müssen Sie nicht Ihre komplette Garderobe erneuern, wenn Sie feststellen, dass Sie ein Herbsttyp sind, aber vorwiegend schwarze Kleidungsstücke besitzen. Gerade hier ist ein Tuch oder ein Schal die optimale Lösung. Tragen Sie zum Beispiel mit Vorliebe die Farben des Frühlingstyps, also zum Beispiel Apricot, sind aber ein Herbsttyp? Dann können Sie mit einem Tuch in warmen Braun- und Gelbtönen, die ebenfalls einen Hauch Apricot enthalten, Ihren Typ vorteilhaft unterstreichen. Da Tücher oder Schals meistens in Gesichtsnähe getragen werden, bringen sie Ihren Teint zum Strahlen. Sie werden bald merken, dass Sie mit manchen Farben gut, mit anderen aber fantastisch wirken, und das ist doch das Ziel jeder Frau.

Der Frühlingstyp

Die Wirkung dieses Typs ist ungeachtet der individuellen Größe zerbrechlich und zart. Die Haut ist hell und wirkt fast transparent mit einem beigen bis goldfarbenen Unterton, niemals zeigt sie einen bläulichen Schimmer. Die Haare haben immer einen goldfarbenen Ton, die Abstufungen reichen von hellem Strohblond bis Dunkelblond; in der Kindheit waren die meisten Frühlingstypen immer hellblond. Die Augen des Frühlingstyps variieren in einer großen Farbpalette, im seltensten Fall sind sie ganz dunkel oder intensiv grün.

Passende Farben
Was steht Ihnen besser?

- Lachsfarben besser als ein bläuliches Pink und besser als ein kräftiges Orange
- Gelbliches Braun besser als ein Graubraun
- Korallenrot besser als Azaleenrot
- Cremiges Weiß besser als reines Weiß

Wenn Sie alle Fragen mit Ja beantworten konnten, sind Sie eindeutig ein Frühlingstyp. Sie sollten aus der Farbpalette folgende Farben auswählen:

- Gelbliche Apricot- und Erdtöne
- Maigrün, Apfelgrün und Lindgrün
- Warmes, sonniges Gelb
- Helle graublaue Töne
- Sanfte Kamelhaarfarben bis Schokoladenbraun
- Zarte Rosétöne und helles Violett
- Wollweiß

Lassen Sie die Finger von Schwarz, dunklem Grau und dunklem Braun.

Der Sommertyp

Sommertypen haben in der Regel einen bläulichen Unterton in der Haut, die Haare sind eher aschig und haben kaum goldene Glanzlichter. Sommertypen sind etwas schwerer einzuschätzen. Die Haut rangiert von sehr hell bis rosig und gut durchblutet. Sommersprossen sind immer graubraun, niemals gelbbraun. Die Haare haben immer einen leicht silbrigen Stich, die Palette der Haarfarben reicht von Aschblond bis Dunkelbraun und einem kühlen Braun. Häufig finden sich beim Sommertyp graublaue, hellblaue und blaugrüne Augen, seltener Haselnussbraun. Dabei steht das Weiß der Augen in keinem starken Kontrast zur Iris.

Passende Farben
Was steht Ihnen besser?

- Graublau besser als leuchtendes, intensives Blau
- Blaugrün besser als Gelbgrün
- Graubraun besser als Rotbraun und Gelbbraun
- Fuchsiarot besser als Orangerot
- Pink besser als Apricot

Wenn Sie alle Fragen mit Ja beantwortet haben, sind Sie eindeutig ein Sommertyp. Sie sollten aus der Farbpalette folgende Farben auswählen:

- Verwaschene Blau- und Grautöne
- Alt- bis Fliederrosa
- Graubraun
- Himbeer- und Fuchsiarot
- Weinrot
- Rosig oder grau getöntes Weiß
- Rauchiges Marineblau

Der Herbsttyp

Herbsttypen haben alle einen gelblich-goldenen Hautunterton, manchmal mit rötlichen Sommersprossen, oder aber ein kräftig goldenes Beige bzw. einen leicht pfirsichrosa getönten Teint. Der Unterton ist immer kräftiger als der beim Frühlingstyp. Die häufigste Haarfarbe des Herbsttyps ist Rot in allen Variationen, von Kupfer- bis Kastanienrot, aber immer mit einem Goldstich. Auch bei mittel- bis dunkelblonden Haaren sind immer goldene und manchmal rötliche Glanzlichter vorhanden. Die Augen sind meistens sehr beeindruckend mit ihrem starken Glanz, die Farben reichen von strahlendstem Blau in verschiedenen Nuancen über Bernstein bis Schilfgrün und Oliv, von Hellbraun bis zu intensivem Dunkelbraun.

Passende Farben
Was steht Ihnen besser?
- Tomatenrot besser als Fuchsiarot
- Lachsrosa besser als Fliederrosa
- Orange besser als Pink
- Olivgrün besser als Blaugrün oder Mint
- Anthrazitgrau besser als Schokobraun
- Blaugrün besser als Enzianblau

Wenn Sie alle Fragen mit Ja beantwortet haben, sind Sie eindeutig ein Herbsttyp.
Sie sollten aus der Farbpalette folgende Farben auswählen:
- Warme Brauntöne
- Goldfarbenes Beige
- Rostbraun
- Tomatenrot
- Kupferrot
- Senf- und Maisgelb
- Tannengrün, Oliv und kräftiges Khaki
- Pflaumenblau bis Blauviolett
- Gebrochenes Weiß
- Dunkles Schokobraun, aber kein Schwarz und reines Weiß

Der Wintertyp

Dieser Farbtyp lebt von starken Kontrasten: helle Haut und dunkle Haare, starke Irisfarben neben klarem Augenweiß. Der Unterton der Haut ist immer bläulich kühl und wirkt leicht porzellanartig. Die Haarfarbe ist dunkel- bis schwarzbraun oder blau- bis tiefschwarz. Die Augenfarben sind immer ganz klar, Eisblau bis Tiefblau, klares Grün oder Dunkel- und Schwarzbraun.

Passende Farben
Was steht Ihnen besser?
- Schwarz besser als Braun
- Klares Rot besser als Rost oder Kupfer
- Königsblau besser als Graublau
- Tannengrün besser als Olivgrün
- Reines Weiß besser als Cremeweiß
- Marineblau besser als Rauchblau

Wenn Sie alle Fragen mit Ja beantwortet haben, sind Sie eindeutig ein Wintertyp.
Sie sollten aus der Farbpalette folgende Farben auswählen:
- Schwarz und dunkles Anthrazit
- Kirschrot
- Azaleenrot und Rubinrot
- Kühles Lila und Pink
- Nachtblau und Marineblau
- Kräftiges Grün
- Reines Weiß

Die beste Qualität

Sie haben Ihr Farbspektrum festgelegt und wissen, welche Farbtöne zu Ihnen passen? Beim Einkauf eines neuen Tuchs oder Schals kommt nun die nächste Frage, nämlich welche Stoffart am besten geeignet ist. Generell gilt hierfür, dass Sie sich auf Ihren Tastsinn verlassen sollten. Liegt ein Stoff angenehm in der Hand, fühlt er sich weich und geschmeidig an, dann hat er die richtigen Eigenschaften, denn das Material bedeckt meistens die nackte Haut. Da hilft es nichts, wenn ein Wollschal zwar wunderschön ausschaut, Sie ihn aber nach fünf Minuten abnehmen müssen, weil er zu sehr kratzt.
Es ist sicherlich richtig, dass eine hochwertige Qualität, egal ob Seide, Wolle, Baumwolle, Viskose oder Kunstfasern, einen relativ hohen Preis hat. Aber denken Sie daran, wie oft Sie den Schal oder das Tuch tragen werden und wie das neue Stück Ihr eigenes Wohlbefinden unterstützen wird. Lieber ein Tuch weniger, dafür eine bessere Qualität. Prüfen Sie, ob ein Tuch gut fällt, wenn Sie es in Falten legen, und probieren Sie einen einfachen Knoten aus, der auf keinen Fall zu dick ausfallen darf. Ein anderes, wichtiges Kriterium ist die Kante, denn ein von Hand rolliertes Tuch wirkt exklusiver als ein maschinengesäumtes.

Seide
Am edelsten ist natürlich reine Seide, die durch einen luxuriösen Glanz besticht. Die ganz dünnen Pongé-Qualitäten der Stärke 05 bis 08 haben den Nachteil, dass sie leicht knittern, besser ist die Stärke 10. Crêpe de Chine, Twill, Crêpe Georgette und Crinkle Chiffon haben eine leicht körnige bzw. griffige Oberfläche, die das Verrutschen verhindert. Der Glanz von Crêpe Satin ist unbeschreiblich elegant und verführerisch.

Seide-Wolle-Mischungen
Mischungen aus Seide mit Wolle oder Kaschmir vereinen die Eigenschaften beider Fasern, denn sie wärmen, haben einen fließenden Fall und außerdem einen leichten Glanz.

Baumwolle
Baumwollpopeline und -batist gibt es ebenfalls in bester Verarbeitung mit einem traumhaft seidigen Griff.

Kunstfasern
Beimischungen von Polyester und Acetat hatten lange Zeit einen schlechten Ruf. Mittlerweile sind diese Kunstfasern so optimal konzipiert, dass der Tragekomfort sich von natürlichen Fasern kaum unterscheidet; der Pflegeaufwand ist dagegen viel geringer. Viele Kunstfasern sind besonders für Allergiker besser geeignet als zum Beispiel Wolle.
Lassen Sie sich beim Kauf ruhig von Ihrem Gefühl leiten, dann ist die Auswahl immer richtig!

Die richtige Pflege

Bei der Pflege Ihrer Tücher und Schals sollten Sie auf jeden Fall die Pflegehinweise auf dem Etikett beachten. Generell gilt, dass für hochwertige Materialien wie Seide, Wolle, Kaschmir, aber auch edle Baumwolle Handwäsche empfohlen wird. Danach spülen Sie die Seife aus und hängen das Tuch zum Trocknen glatt auf. Seide lässt sich besonders gut in leicht feuchtem Zustand bügeln. Auch Wolle muss gebügelt werden. Probieren Sie die Bügeltemperatur immer an einer Tuchkante aus, damit Sie keine bösen Überraschungen erleben. Ihr Tuch muss nicht nach jedem Tragen gewaschen werden. Oft genügt es, das gute Stück über einem Kleiderbügel im Freien zu lüften.

Tücher selbst säumen

Oft genug passiert es, dass Sie ein Tuch in einer bestimmten Farbe oder mit einem speziellen Muster suchen und dieses nicht finden. Oder Sie möchten einen besonders langen Pareo für eine Kleiderwicklung. Hier hilft ein Besuch der Stoffabteilung. Viele Stoffhersteller bieten Tücherdrucke als Meterware in verschiedenen Größen an, deren Preis viel niedriger ist als ein fertig gekauftes Tuch gleicher Qualität. Da lohnt es sich, ein Tuch selbst zu säumen.

Saum mit Zickzackstich
Sie säumen die Kante mit eng eingestelltem Zickzackstich und schneiden den Stoff ganz nah entlang dieser Kante ab. Diese Art eignet sich in erster Linie für Baumwolltücher und Pareos, ist sehr schnell gemacht und auch für Nähanfängerinnen besonders gut geeignet.

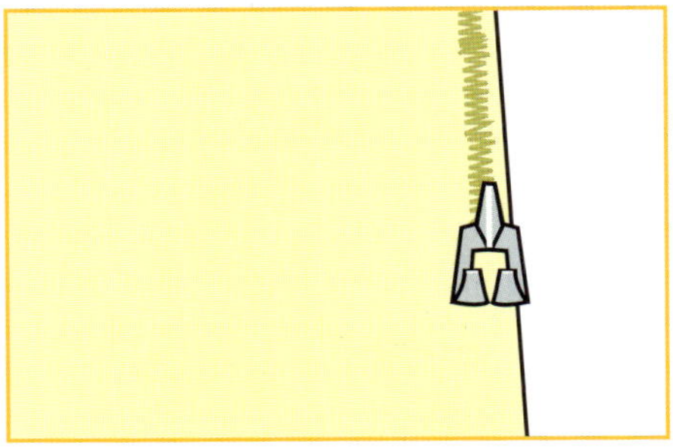

Saum mit Schrägband
Sie kaufen oder schneiden sich ein Schrägband aus Satin, das lang genug ist für alle vier Kanten des Tuchs oder Schals. Stecken Sie das vorgebügelte Schrägband über die Schnittkanten des Stoffes, und heften Sie es rundum an. Das Ende schlagen Sie 1 Zentimeter breit ein und legen es 1 Zentimeter breit über den Anfang.

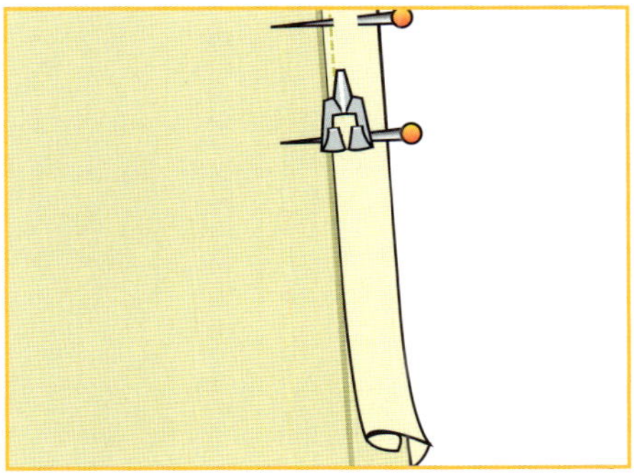

Nun mit der Nähmaschine rundum das Schrägband dicht neben der Kante aufsteppen, dabei darauf achten, dass auf der Rückseite das Band mit festgesteppt ist. Diese Technik eignet sich für Pareos und größere Tücher, da der Saum nicht so weich fällt wie das Tuch selbst.

Doppelter Einschlag
Schlagen Sie die Stoffkanten rundum zweimal je einen halben Zentimeter zur linken Stoffseite. Die Kanten bügeln und mit Nadeln fixieren. Mit der Maschine den Saum schmalkantig feststeppen.

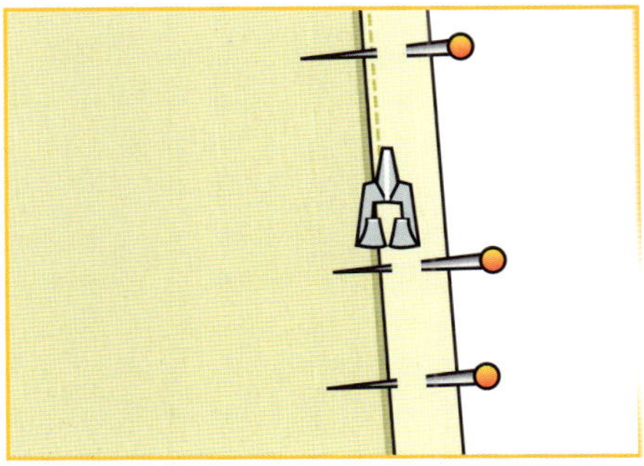

Rollierter Saum
Die edelste, aber langwierigste Art ist das Rollieren eines Saumes von Hand. Scheuen Sie diese Mühe nicht, wenn Sie einen wertvollen Stoff kaufen, denn dadurch gewinnt Ihr Tuch an Eleganz. Nach einigen Stichen ist Ihnen die Technik geläufig und geht ganz schnell von der Hand. Bügeln Sie einen 3 Millimeter breiten Saum

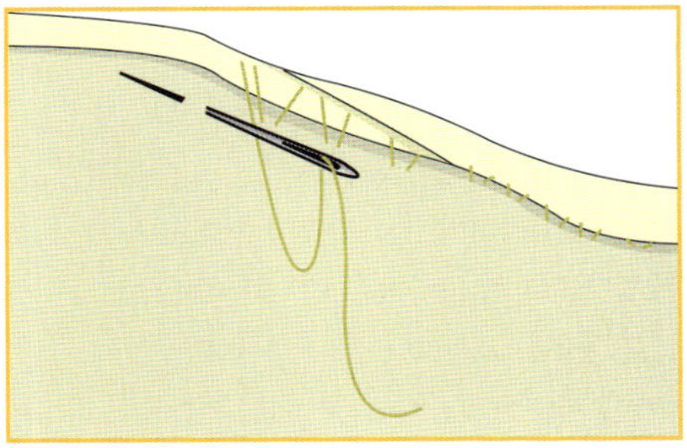

rund um die Tuch- oder Schalkante. Einen passenden Faden mit einer dünnen Nadel in der Bruchkante des umgebügelten Saumes fixieren. Die Arbeitsrichtung geht von rechts nach links (Linkshänder: links nach rechts). Zwischen Bügel- und Schnittkante in den Stoff einstechen und zwei bis drei Fäden aufnehmen. Schräg davor in den glatt liegenden Stoff einstechen und wenige Fäden aufnehmen. Das Aufnehmen der Fäden zwischen Bügel- und Schnittkante und dem Stoff im Wechsel sechs- bis achtmal wiederholen, dann den Nähfaden anziehen. Dabei den Saum an der rechten Seite festhalten und so lange ziehen, bis sich der Saum gleichmäßig einrollt.

Großer Reversknoten

Einen großen Ausschnitt wie bei einem Blazerrevers oder einer kragenlosen Jacke verändern Sie schnell mit diesem Knoten. Ist er einmal gebunden, verrutscht oder verändert er sich nicht, vor allem wenn Sie ein Tuch aus Wolle verwenden. Sie werden ihn als Begleiter in der kühleren Jahreszeit schätzen.

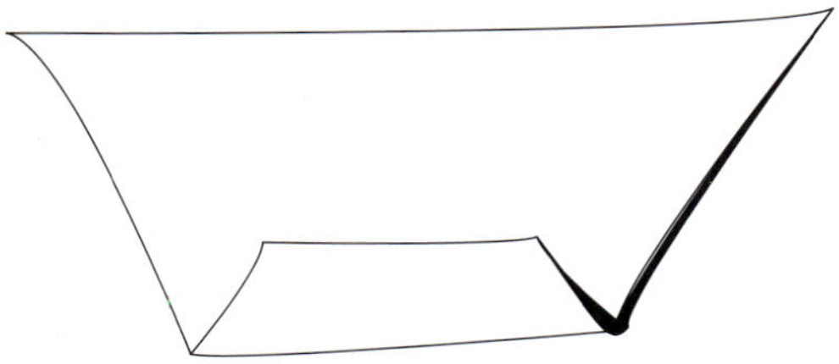

1 Ein quadratisches Tuch entlang der Diagonalen links auf links falten. Das so entstandene Dreieck von der doppelten Spitze her etwa 5 bis 6 Zentimeter breit aufwickeln, sodass ein 7 Zentimeter breiter Schal entsteht.

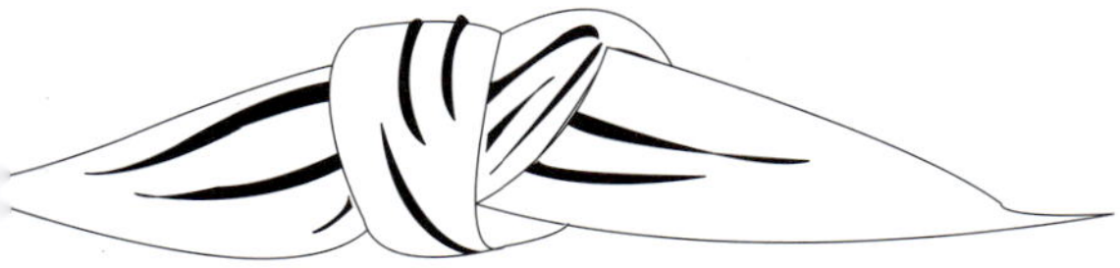

2 Den Schal anheben und mittig eine Schlinge legen. Durch diese Schlinge das andere Schalende stecken. Der Knoten, der dadurch entsteht, sollte locker in der Mitte des gewickelten Tuches liegen.

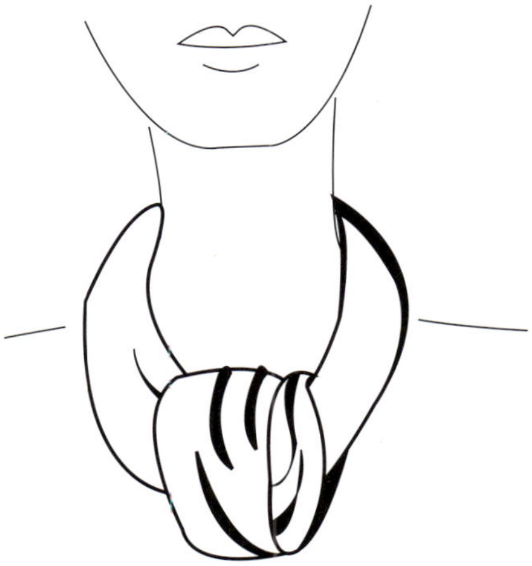

3 Den Schal von vorne nach hinten um den Hals legen; dabei liegt der große Knoten genau in der Mitte. Wie lang er herabhängt, richtet sich nach der Tiefe des Ausschnitts, den er verziert.

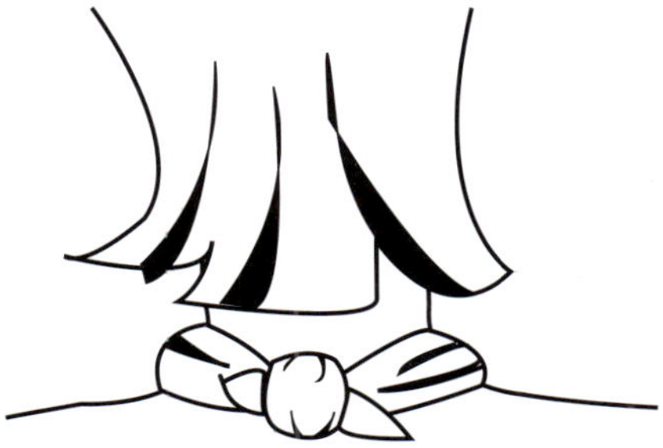

4 Die kurzen Enden des Tuches im Nacken mit einem Doppelknoten binden.

Material
Seide oder Wolle
Größe
Mindestens 120 x 120 cm
Anwendung
Im Blazerrevers, auf kragenlosen Jacken, auf Pullovern oder Shirts mit Ausschnitt

Unser Tipp

In die Mitte des Knotens können Sie auch noch eine kleine Anstecknadel oder einen einzelnen Ohrstecker stecken. Das hält den Knoten zusätzlich fest und sieht hübsch aus.

Effektvolles Schlaufendrapee

Die Farben der Tücher bestimmen im Zusammenspiel mit der Bekleidung, ob die Wirkung feminin elegant oder eher maskulin ausfällt. Das sehen Sie an den beiden Techniken auf dieser und der nächsten Doppelseite. Modisch, aber dezent, setzen Sie mit Schwarz-Weiß-Rot den Dandylook in Szene.

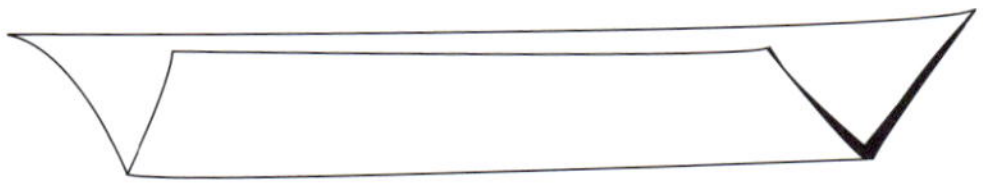

1 Das Tuch diagonal links auf links falten und von den aufeinander gelegten Ecken her zu einem ungefähr 5 Zentimeter breiten Schal falten.

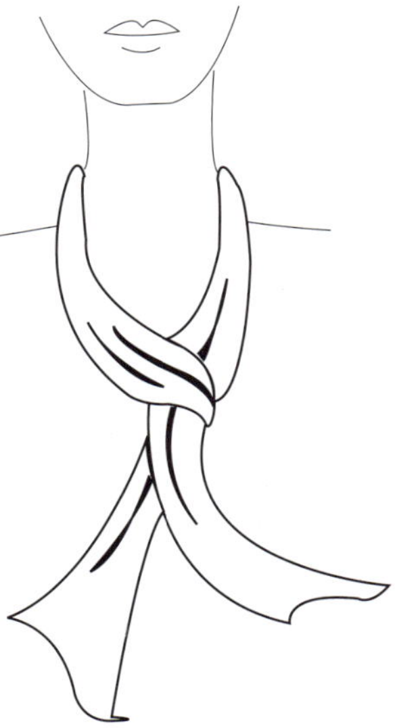

2 Den Schal um den Hals legen, sodass beide Schalenden gleich lang herabhängen. Legen Sie ein Schalende in Höhe des Brustbeins über das andere, und ziehen Sie es unter dem Schal wieder hervor.

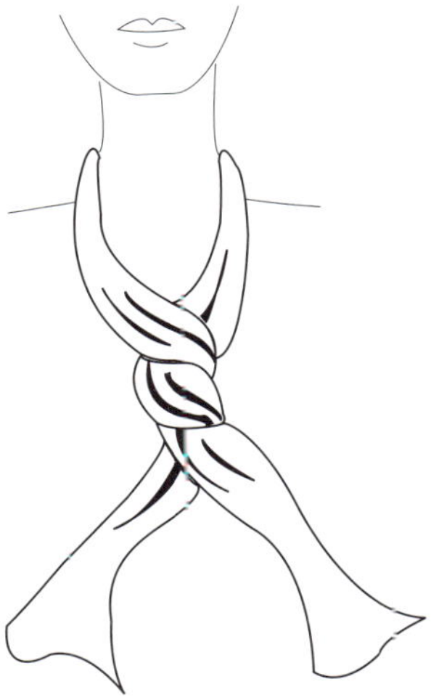

3 Die Schalenden wie vorher beschrieben noch einmal miteinander verdrehen. Darauf achten, dass die Enden gleich lang herabhängen.

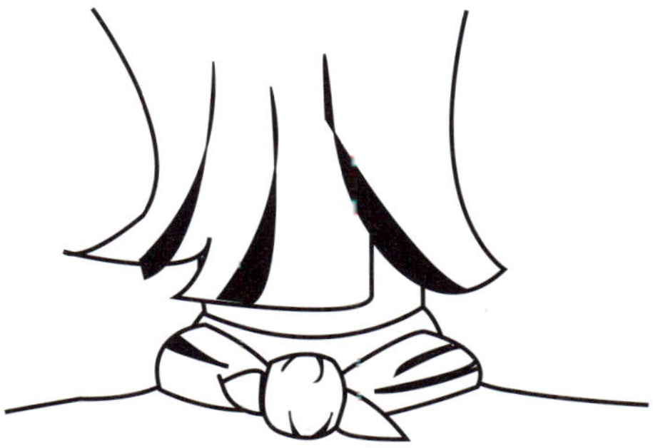

4 Die Schalenden im Nacken verknoten, anschließend den Knoten unter den Schal legen.

Material
Seide, Viskose oder dünne Wolle
Größe
Tuch mit 100 x 100 cm oder Schal, 140 x 50 cm
Anwendung
Auf Shirts und Pullovern, im Ausschnitt von Jacken

Unser Tipp

Einen Schal in der angegebenen Größe können Sie auch aus einem 1 m langen und 140 cm breiten Stoffstreifen nähen. Stoff rechts auf rechts aufeinander legen, die Kanten steppen und durch einen Schlitz wenden. Diesen von Hand schließen und bügeln.

Einfacher Krawattenknoten

Die gleichen Knotentechniken, aber andere Farben, und schon erzielen Sie eine ganz andere Wirkung. Die Pastelltöne der Kleidungsstücke werden unterstrichen durch die Muster und Farben der Tücher. Wählen Sie Ihr Tuch entweder Ton in Ton oder in Kontrastfarbe, dann können Sie nie falsch liegen.

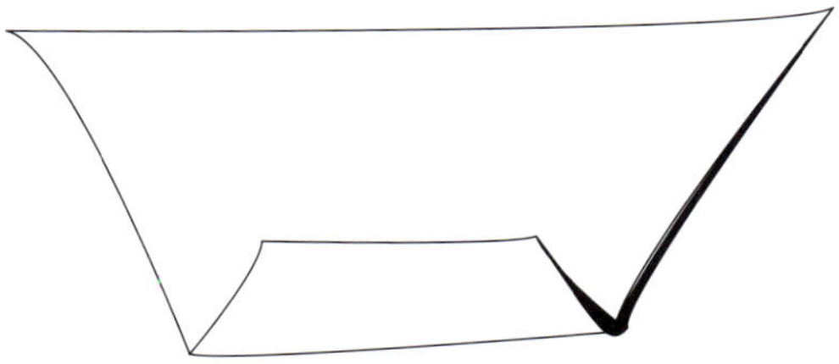

1 Das Tuch diagonal falten und dabei links auf links legen. Von den aufeinander gelegten Spitzen her ca. 5 Zentimeter breit bis zum Bruch aufwickeln, sodass ein schmaler Schal entsteht.

2 Das zum Streifen gefaltete Tuch oder den Schal um den Hals legen; ein Ende liegt in Brusthöhe. Das längere Ende in Brusthöhe über das kürzere legen und dahinter zur Seite ziehen.

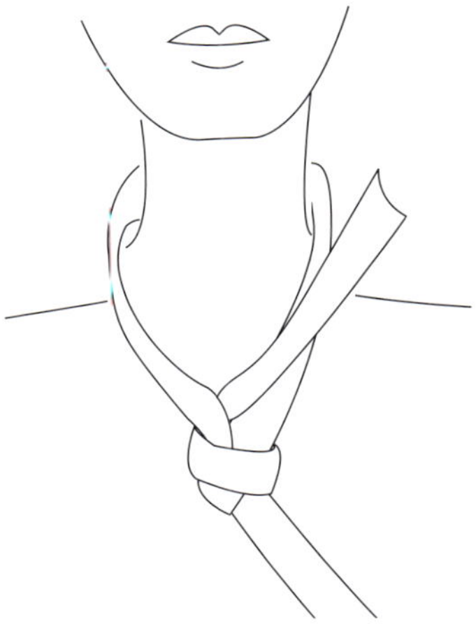

3 Das längere Ende waagrecht zur gegenüberliegenden Seite über das Tuchkreuz legen. Unter dem darüber liegenden Tuchstreifen auf die Rückseite nach oben ziehen, sodass über dem Tuchkreuz eine lockere Schlinge entsteht.

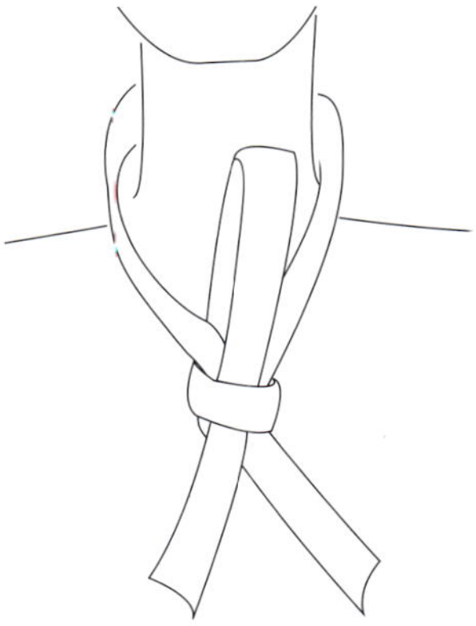

4 Das längere Ende nach vorne ziehen und durch die quer liegende Schlinge ziehen, bis ein lockerer Krawattenknoten entsteht.

Material
Seide oder Viskose
Größe
Mindestens
90 x 90 cm oder
50 x 140 cm
Anwendung
Unter den Kragen einer Hemdbluse

Unser Tipp

Fällt es Ihnen schwer, die Krawatte vor dem Spiegel seitenverkehrt zu binden, dann schlingen Sie den Knoten auf dem Tisch und legen ihn dann um den Hals.

Dekorative Kragentücher

Eine schlichte unifarbene Bluse wird mit einem farblich darauf abgestimmten Tuch völlig neu gestylt. Den modischen Kick gibt ein Tuchklipp, der den Modetrend aufnimmt. Etwas extravaganter wirkt der Klipp mit einer Stoffrose, dezent und zurückhaltend ist eine Gürtelschnalle in einer neutralen Farbe.

Nickituch mit Klipp

1 Das Tuch diagonal links auf links und dann zum 5 Zentimeter breiten Schal aufwickeln. Den obersten Kragenknopf schließen und den Kragen aufstellen. Das gefaltete Tuch um den Kragensteg legen und vorne mittig überkreuzen. Den Kragen wieder nach unten klappen.

2 Einen Haarklipp mit Rose oder einen Schalklipp von unten über den Kreuzungspunkt klippen; dabei das Tuch zusammenschieben.

Foulard mit Gürtelschnalle

1 Das Tuch diagonal links auf links und dann zum 5 bis 7 Zentimeter breiten Schal aufwickeln. Das Tuch gleichmäßig unter den Kragen legen, dabei auf ein Ende bis in Brusthöhe eine Gürtelschnalle aufschieben, Tuch nach hinten durchziehen.

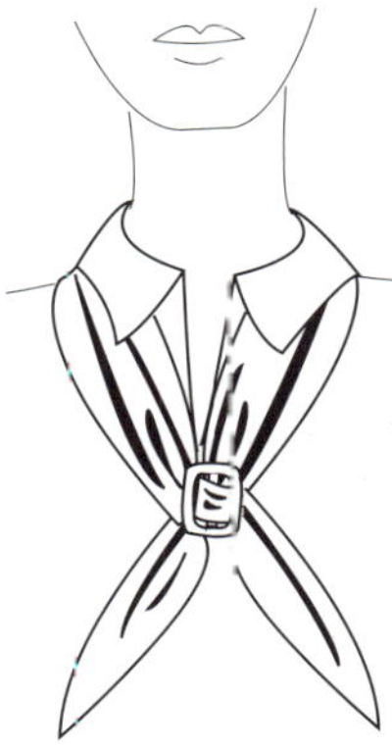

2 Das zweite Tuchende ebenfalls über das erste auf die Gürtelschnalle schieben.

Material
Baumwolle, Seide oder Viskose
Größe
Nickituch
40 x 40 cm
Foulard 90 x 90 cm
Anwendung
Unter Blusenkragen, auf Pullovern und Shirts

Unser Tipp

Schalklipps sind oft teuer;, billiger und modischer sind Haarspangen, die Sie auch selbst mit Kunstblumen oder z. B. einem dekorativen Knopf bekleben können.

Tücher mit Ketten

Elegant und weiblich oder auch ganz sportlich wirken mit Ketten umwickelte Tücher, je nachdem, welche Kombination von Kette und Tuch Sie wählen. Elegant wirken Ketten mit silberfarbenen, goldenen oder perlmuttfarbenen Perlen, sportlicher ist die Kombination aus farbigen Tonperlen zur Lederjacke.

Tuch mit Silberkette

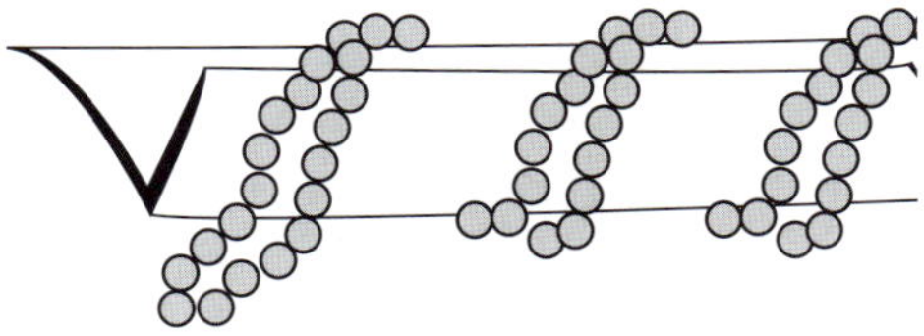

1 Das Tuch zum etwa 8 Zentimeter breiten Schal falten und mit der doppelten Kette fünf- bis sechsmal umwickeln. Die Schlaufen der Ketten liegen an den Enden des Tuches.

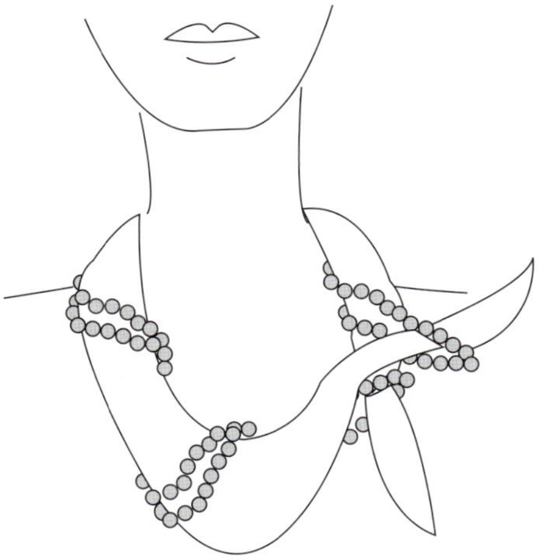

2 Das Tuch mit den Kettenwicklungen um den Hals legen, die Enden treffen sich auf einer Schulter. Die Enden des Tuches durch die Schlaufen der gegenüberliegenden Kette stecken.

3 Beide Enden des Tuches mit etwa 10 Zentimeter langen Zipfeln verknoten. Die Enden entweder beide nach vorne hängen lassen oder einen Zipfel über die Schulter nach hinten legen.

Tuch mit Tonperlen

1 Das Tuch zum etwa 8 Zentimeter breiten Schal falten. Eine Hand durch die Kette stecken und die Kette mit Überkreuzungen mehrmals um die Hand wickeln. Einen Tuchzipfel mit der Hand fassen und durch die Wicklungen bis zur Tuchmitte ziehen. Tuch um den Hals binden, die Enden vorne unter die Kette schieben.

Material
Baumwolle, Seide, Viskose oder leichte Wolle
100 cm lange Doppelkette
Größe
Mindestens 90 x 90 cm
Anwendung
Auf dem Pullover oder einer kragenlosen Bluse, im offenen Jackenrevers

Unser Tipp

Bei der zweiten Technik können Sie auch mehrere kurze Ketten verwenden, die Sie nacheinander über das Tuch schieben.

Wärmendes Schultertuch

Mit einem großen Schultertuch peppen Sie Mantel und Jacke nicht nur farblich auf. Es hält Sie an kalten Tagen im Herbst und Winter auch zusätzlich warm. Ein dicker Outdoor-Pullover wird mit dem Schultertuch zum Ersatz für Jacke oder Mantel.

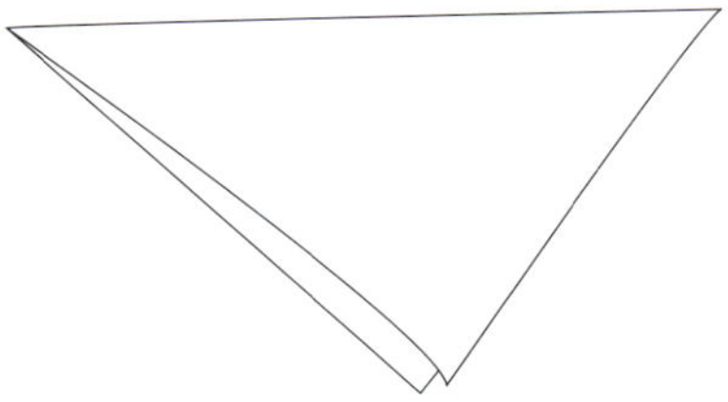

1 Ein quadratisches Tuch links auf links entlang der Diagonalen mittig falten, sodass ein doppellagiges Dreieck entsteht.

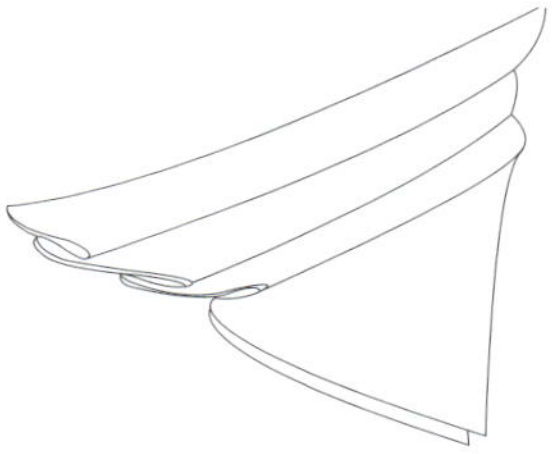

2 Von der Diagonalen her das Tuch bis zu einem Drittel der Größe in etwa 4 Zentimeter breite Ziehharmonikafalten legen. Die Falten liegen deckungsgleich übereinander.

3 Das Tuch mit beiden Händen in der Mitte hochheben, dabei müssen die Falten aufeinander liegen. Die Mitte über die Schulter, eventuell unter den Kragen legen.

4 Die vorne und hinten herabhängenden Zipfel des Tuches in Taillenhöhe zur gegenüberliegenden Körperseite ziehen. Nun das vordere Tuchende über das hintere Tuchende schlingen und bis auf eine bequeme Weite festziehen.

5 Den oben liegenden Tuchzipfel über den unteren Tuchzipfel legen und um diesen schlingen. Das Ende durch die Schlinge stecken und beide Zipfel gleichmäßig festziehen, bis sich ein schöner Knoten bildet.

Material
Woll- oder schwerer Seidencrêpe

Größe
120 x 120 cm bis 150 x 150 cm

Anwendung
Über Mantel, Pulli und Blazer als wärmende und dekorative Ergänzung

Unser Tipp

Als Variante können Sie das Tuch ohne Knoten über Ihre Schulter legen. Zur Fixierung befestigen Sie die Falten von der Innenseite her mit einer Sicherheitsnadel oder von außen mit einer Brosche.

Elegante Ausschnittdrapierung

Sie tragen unter der Jacke oder dem Blazer nur einen Pullover oder ein T-Shirt ohne Kragen und fühlen sich dabei etwas nackt? Dann ist diese Bindetechnik ideal. Das Tuch kaschiert den Ausschnitt, und je nach Material wärmt es natürlich auch.

1 Das quadratische Tuch entlang der Diagonalen zum Dreieck falten. Den Mittelpunkt der Bruchkante zwischen Daumen und Zeigefinger in die Höhe heben.

2 Einen Ring mit etwa 2 Zentimeter Durchmesser über den Tuchmittelpunkt schieben und ungefähr 5 Zentimeter weit über die Stofffalten ziehen. Die Tuchmitte direkt über dem Ring verknoten.

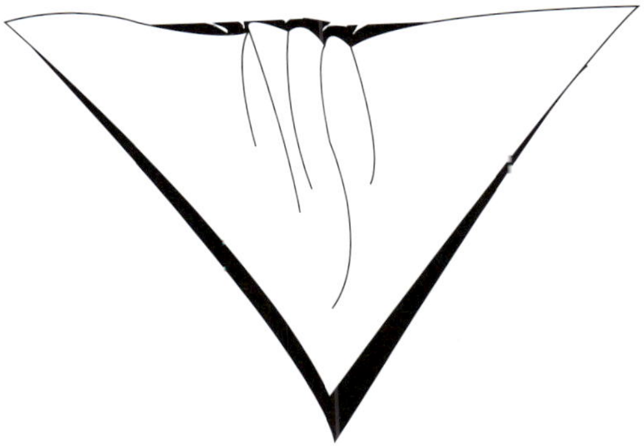

3 Den Zipfel mit dem Ring und Knoten auf die Rückseite legen und die dadurch entstehenden Falten auf der Vorderseite gleichmäßig auseinander zupfen.

4 Das Tuch so um den Hals legen, dass die Drapierung direkt über der Halsgrube liegt. Die seitlichen Tuchenden im Nacken verknoten.

Material
Seide oder Viskose

Extrazutaten
Ring mit 2 cm Durchmesser

Größe
90 x 90 cm bis 110 x 110 cm

Anwendung
Über T-Shirts und Pullis ohne Kragen, im Ausschnitt von Blazern, Mänteln und Jacken

Unser Tipp

Erscheint Ihnen ein Ring für die Drapeetechnik zu hart, nehmen Sie ein Haargummi und schlingen Sie es mehrmals um den Tuchzipfel. Dann wird der fixierende Knoten überflüssig.

Legerer Faltenwurf

Ein großes Tuch ist hier in schmeichelnden Falten um den Hals über den Kragen eines Blazers gelegt. Sie können auf diese Weise aber auch eine kragenlose Jacke wirkungsvoll abwandeln. Und ein halsferner Pulloverausschnitt erhält eine wärmende Ergänzung.

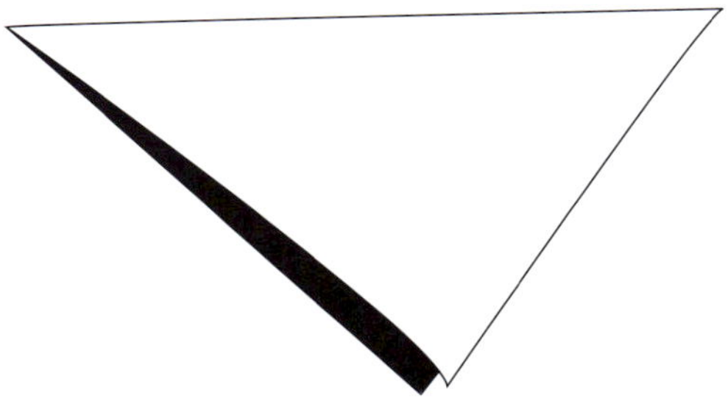

1 Ein quadratisches Tuch entlang der Diagonalen links auf links falten; eine Ecke sollte etwas über die andere ragen.

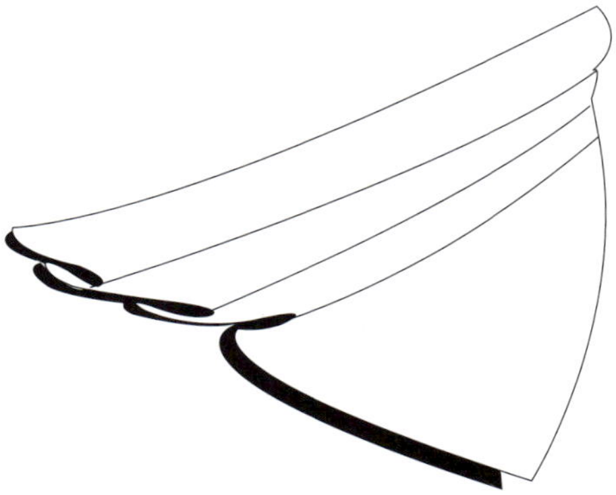

2 Von der Bruchkante her das Tuch in tiefe Falten legen, bis nur noch ein Drittel der Tuchlänge herabhängt. Die Faltenbrüche können dabei leicht versetzt übereinander liegen.

3 Das Tuch entlang der Faltenseite um den Hals legen, dabei sollte die Tuchmitte zwischen Halsgrube und Schulter auf Höhe des Schlüsselbeins liegen. Die vordere Tuchecke befindet sich seitlich über der Taille.

4 Die gefalteten Enden des Tuchs auf der gegenüberliegenden Schulter entweder nur übereinander legen oder bei glatten Stoffen mit einem Überschlag fixieren.

Material
Leichte Wolle oder Seidencrêpe

Größe
110 x 110 cm bis 140 x 140 cm

Anwendung
Über Jacken mit oder ohne Kragen, Pullovern oder T-Shirts

Unser Tipp

Ist Ihnen ein Knoten auf der Schulter zu dick, dann legen Sie einfach die Tuchenden übereinander. Nun fixieren Sie den Kreuzungspunkt mit einer dekorativen Brosche in der passenden Farbe.

Ausladender Kragen

Ein unregelmäßig gemustertes Tuch birgt bei dieser Bindetechnik eine Unzahl an Variationsmöglichkeiten. Je nachdem, welche Tuchkante Sie über die andere legen, erscheinen immer wieder andere Farben und Muster auf der Vorderseite.

1 Ein quadratisches Tuch links auf links zum Rechteck falten; die Ecken des Tuches sollten dabei möglichst genau aufeinander liegen.

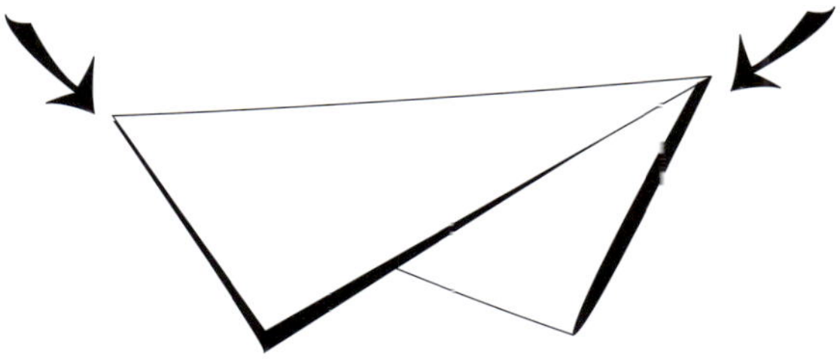

3 Die linke obere Ecke fällt dabei nach vorne über die Bruchkante. Dadurch entsteht eine neue Bruchkante.

Material
Seide oder Viskose

Größe
Mindestens
90 x 90 cm

Anwendung
Auf Pullovern und Blusen mit und ohne Kragen

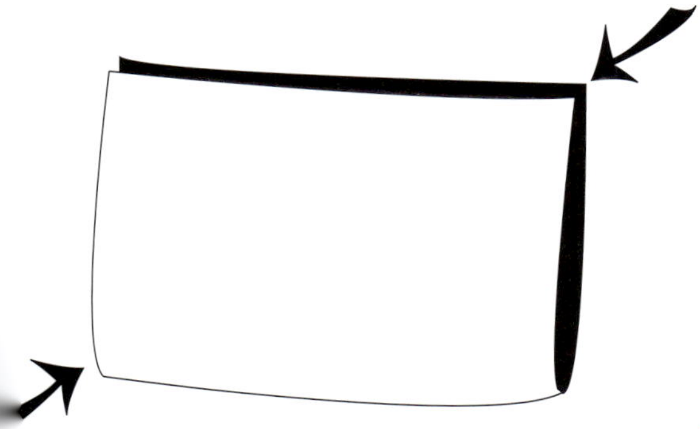

2 Mit beiden Händen die im Bild markierten Ecken des Tuches fassen und die Ecken gleichzeitig nach oben ziehen.

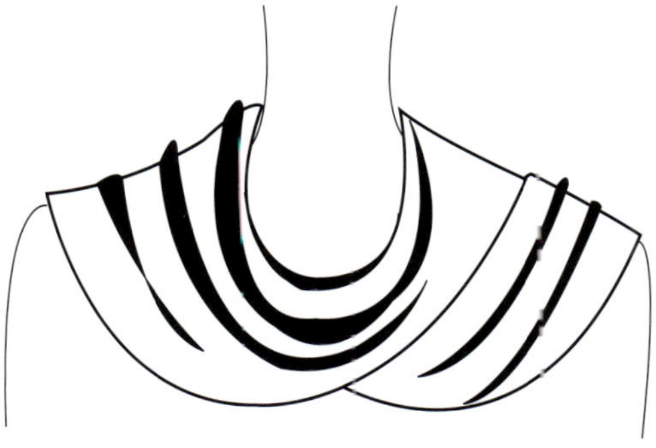

4 Das Tuch so um den Hals führen, dass die »neue« Bruchkante direkt am Hals liegt. Die Tuchecken an den Bruchenden beidseitig nach hinten zum Nacken ziehen und die kleinen überstehenden Zipfel miteinander verknoten.

Unser Tipp

Diese Bindetechnik beinhaltet mehrere Varianten. Haben Sie die Enden miteinander verknotet, können Sie den Knoten auch auf eine Schulter schieben oder ihn in die vordere Mitte legen. Die Wirkung ist jedesmal vollkommen verschieden.

Rollkragen und Wasserfall

Beide Falt- und Bindetechniken sind ganz schnell gemacht und werden bestimmt bald schon zu Ihren Favoriten zählen. Sie bieten auch eine besonders gute Möglichkeit, bei Halsschmerzen den Hals auf dekorative Art und Weise zu wärmen.

Tuch als Rollkragen gewickelt

1 Ein quadratisches Tuch in der Diagonalen falten; dabei sollen die Ecken genau aufeinander liegen. Das Tuch von vorne nach hinten um den Hals legen und im Nacken überkreuzen.

2 Die Tuchzipfel nach vorne ziehen und mit einem doppelten Knoten in der Mitte verknoten. Das am Hals anliegende Tuch hinter dem Knoten nach oben ziehen, sodass die Wirkung eines Rollkragens entsteht.

Tuch als Wasserfall gelegt

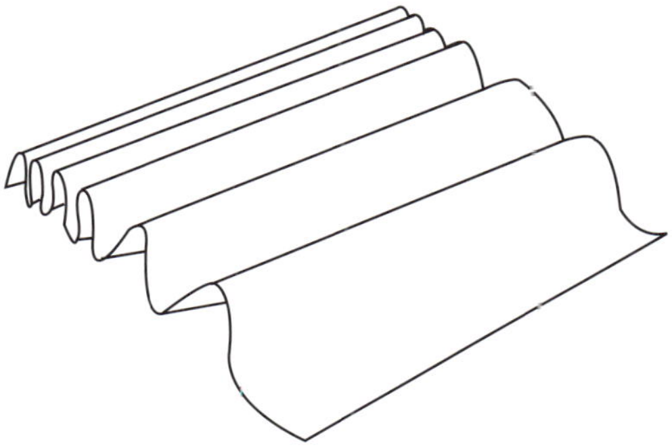

1 Ein quadratisches Tuch entlang einer Kante in etwa 4 bis 5 Zentimeter breite Falten legen, sodass am Ende ein Schal in Tuchbreite entsteht.

2 Den Schal von hinten nach vorne um den Hals legen. Das etwas längere Ende um das kürzere schlingen. Die Enden wie einen Fächer auseinander ziehen.

Material
Seide, Viskose oder dünne Wolle

Größe
Mindestens 90 x 90 cm

Anwendung
Im offenen Hemdblusenkragen, über kragenlosen Pullovern und Shirts

Unser Tipp

Mit einer dekorativen Brosche unterhalb der Schlinge können Sie verhindern, dass der »Wasserfall« verrutscht.

Verschlungenes Tuch

Wenn Sie es vorher längs falten, können Sie mit einem großen Tuch auch die Wirkung eines Schals erzielen. Da Schals im Moment die absoluten Lieblingskinder der Mode sind, können Sie mit diesem Trick einem Lieblingstuch zum Come-back verhelfen.

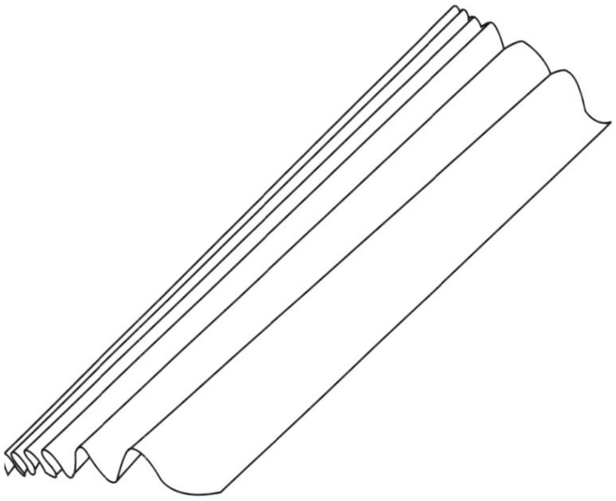

1 Das Tuch entlang einer Kante in gleichgroße, etwa 3 bis 5 Zentimeter breite Falten legen. Die Faltenbrüche liegen dabei möglichst genau übereinander.

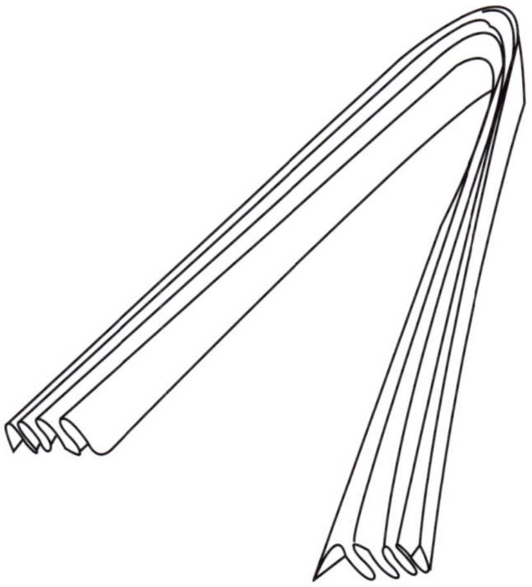

2 Die beiden Enden des gefalteten Schals aufeinander legen, sodass eine Schlinge entsteht. Die Falten müssen dabei unbedingt erhalten bleiben.

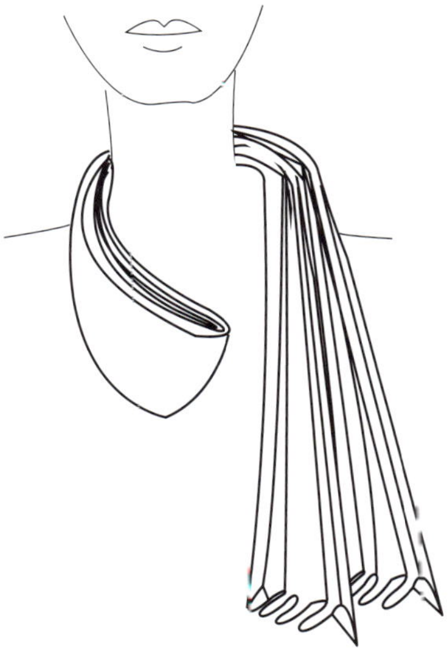

3 Die Schlinge auf Höhe der Halsgrube etwa 10 Zentimeter vor den Hals legen und die Enden des Schals um den Hals wieder nach vorne neben die Schlinge ziehen.

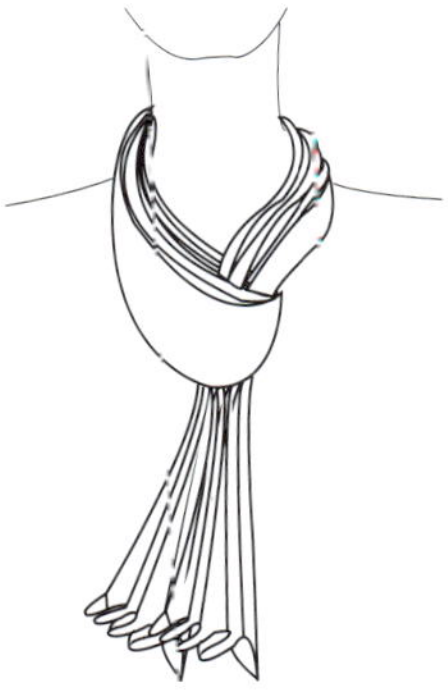

4 Die gefalteten Enden durch die Schlinge stecken und so weit nach unten ziehen, bis der Schal locker um den Hals liegt.

Material
Gecrashte bzw. handplissierte Seidentücher oder dünner Wollcrêpe

Größe
140 x 140 cm oder größer

Anwendung
Über kragenlosen Pullis und Shirts

Unser Tipp

Ist das Material sehr glatt, fixieren Sie die Schalenden entweder mit einer Anstecknadel durch die Schlinge, oder Sie stecken einen großen Ohrklipp über die Schlaufe.

Lässig geschlungener Schal

Schals bieten eine Vielzahl an Binde- und Drapierungsmöglichkeiten, und mit der Zeit werden Sie immer wieder neue Varianten entdecken. Die Wirkung der Wickeltechniken ist auch davon abhängig, wie fest oder locker Sie den Schal um den Hals legen.

Kurzer Schlingknoten

1 Die Mitte des Schals vor die Halsgrube legen, die Enden zum Nacken führen, dort überkreuzen und wieder nach vorne legen.

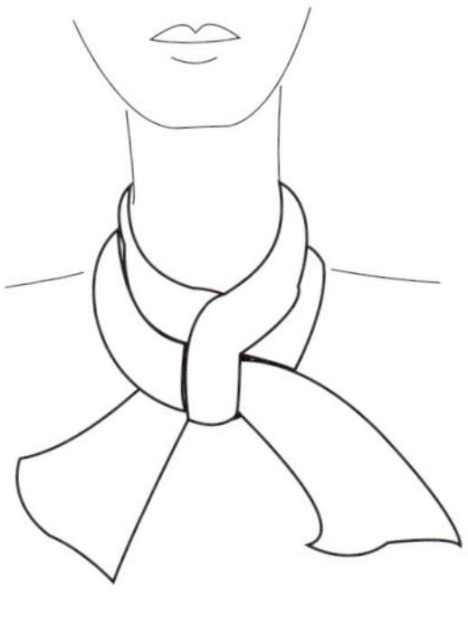

2 Den Schal vor dem Hals ungefähr 15 bis 20 Zentimeter nach unten ziehen und einmal verdrehen. Durch diese Schlinge die Enden des Schals stecken und unterhalb der Schlinge verknoten.

Lange Webschlaufe

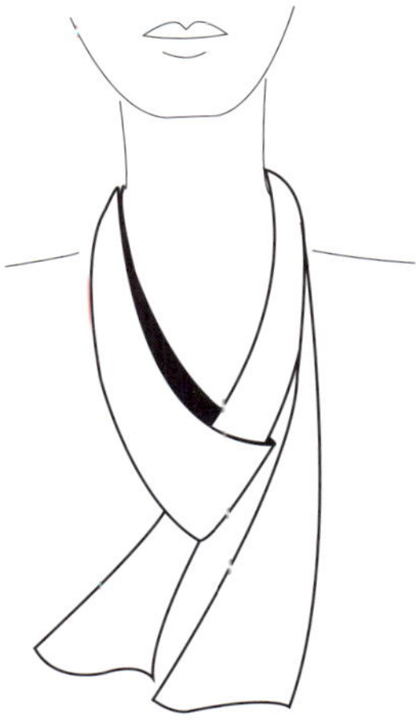

1 Schal quer zur Hälfte legen. Die Schlinge zwei Hand breit vor den Hals legen und die beiden Enden um den Hals herumführen. Ein Ende des Schals durch die Schlinge stecken.

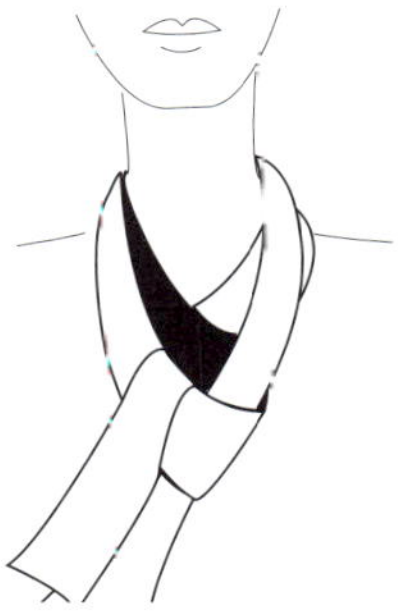

2 Die Schlinge etwas anheben. Das lose Schalende darunter in Richtung Hals ziehen. Die untere Hälfte der Schlinge anheben und das Schalende darunter hindurch bis auf die Oberseite der Schlinge ziehen.

Material
Alle fließenden und dünnen Stoffarten

Größe
Mindestens 40 x 160 cm

Anwendung
Über weit ausgeschnittenen und kragenlosen Pullis und Shirts

Unser Tipp

Auch ein großes, sehr dünn gewebtes Tuch lässt sich auf diese Arten binden. Legen Sie das Tuch vorher in 10 Zentimeter breite Ziehharmonikafalten, sodass ein Schal entsteht.

Schal als Plisseeschleife

Jede Kette wird überflüssig, wenn Sie einen Schal als Plisseeschleife falten und binden. Locker um den Hals gelegt, ziert die Schleife jeden kragenlosen Pullover. Und eine hochgeschlossene Hemdkragenbluse erhält eine elegante Note, wenn die Plisseeschleife direkt über dem Knopf gebunden wird.

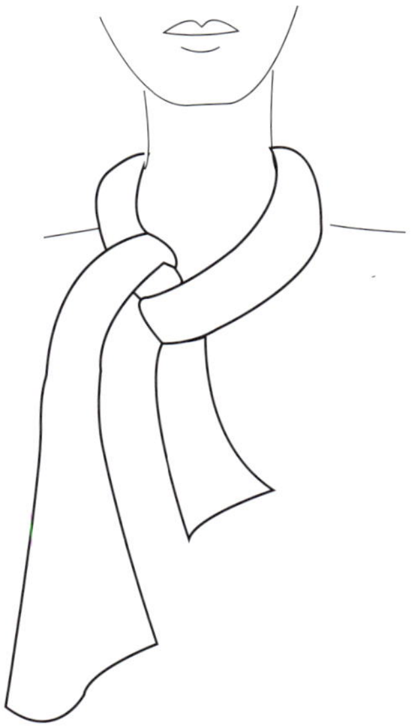

1 Den Schal mit einem halben Knoten um den Hals binden. Ein Ende muss für die Plisseefaltung lang herabhängen, das kurze wird zum Knoten verwendet.

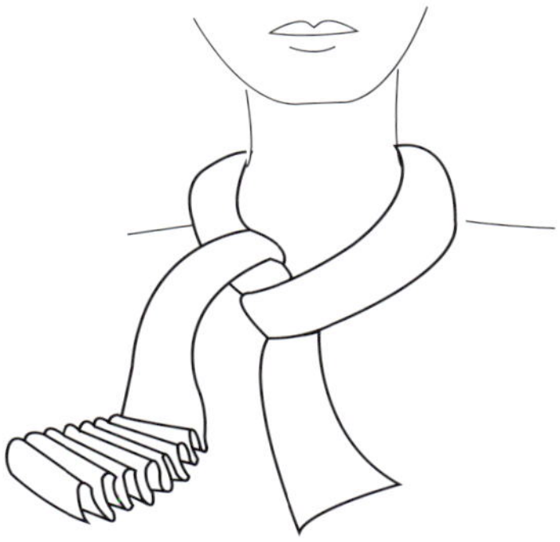

2 Das lang herabhängende Schalende von der Schmalseite her in dünne Plisseefalten legen.

3 Den Schal bis dicht vor den Knoten weiterfalten; dabei die Fältchen mit einer Hand in der Mitte festhalten.

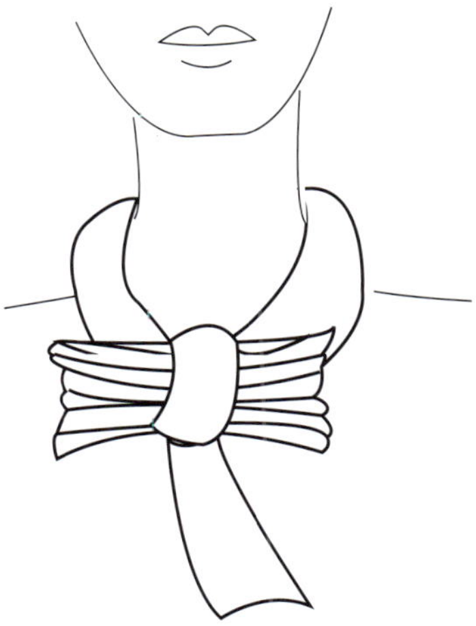

4 Das kurze Schalende zweimal fest um die Faltenmitte wickeln und hinter den Falten verknoten.

Material
Alle dünneren Stoffarten

Größe
40 x 140 cm

Anwendung
Zu kragenlosen Pullis und Hemdblusen

Unser Tipp

Möchten Sie die Plisseeschleife unter einem Hemdblusenkragen binden, erzielen Sie eine besonders elegante Wirkung mit dünner, aber schwer fallender Seide oder Viskose.

Kordelschal und Knotentuch

Manchmal muss es ganz schnell gehen, wie bei diesen Drapierungen. Der Kordelschal wirkt am schönsten mit einem einfarbigen Oberteil, dessen Farbe einer der Schals aufgreift. Bei gemusterten Shirts sollten beide Schals die gleiche Farbe oder jeweils eine Farbe des Musters aufgreifen.

Verdreht und geknotet

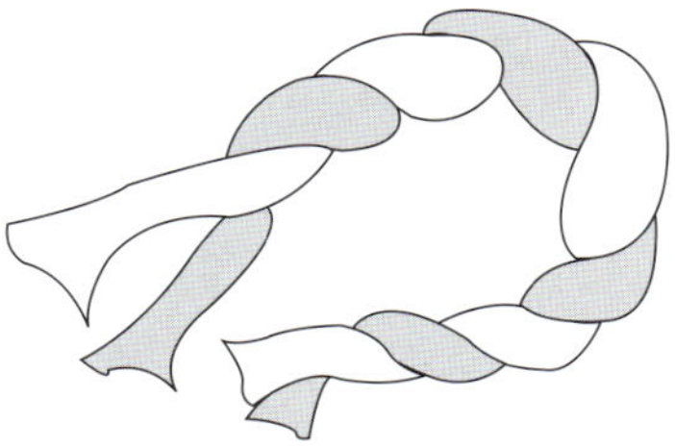

1 Zwei ungefähr gleich lange Tücher miteinander locker zu einer Kordel verdrehen.

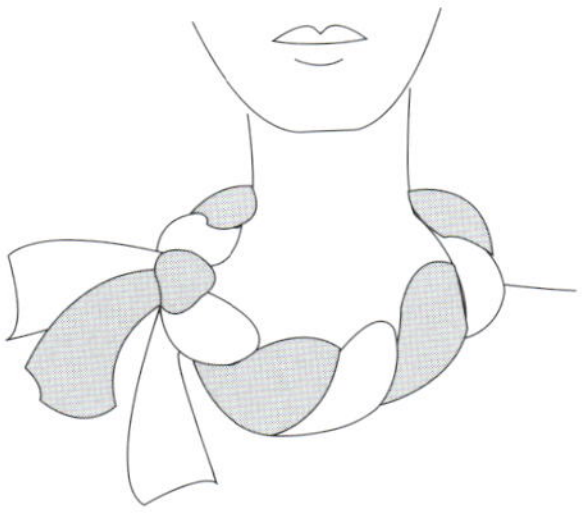

2 Die Kordel um den Hals legen und die farblich entsprechenden Enden auf der Schulter miteinander verknoten.

Großer Knoten

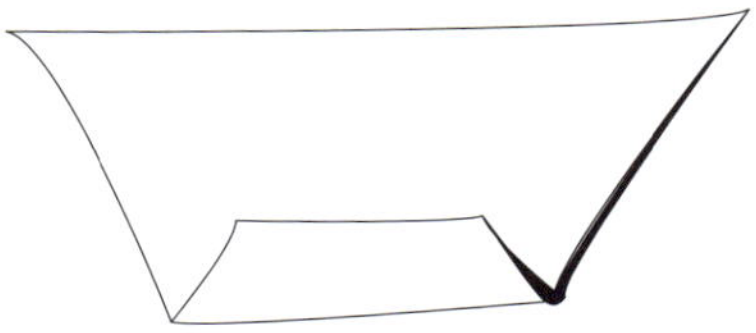

1 Ein diagonal gefaltetes Tuch von der Spitze her zu einem etwa 7 Zentimeter breiten Streifen falten.

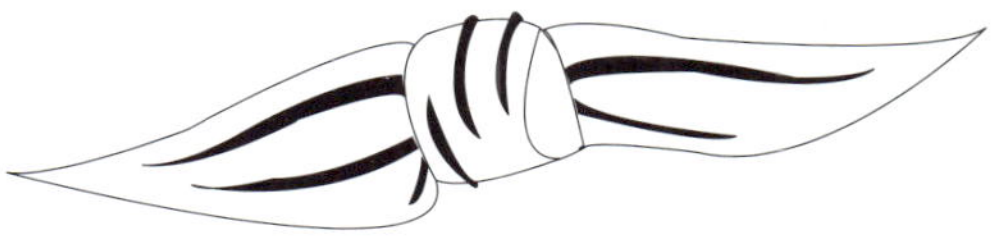

2 In die Mitte des so entstandenen Tuchstreifens einen lockeren Knoten schlingen.

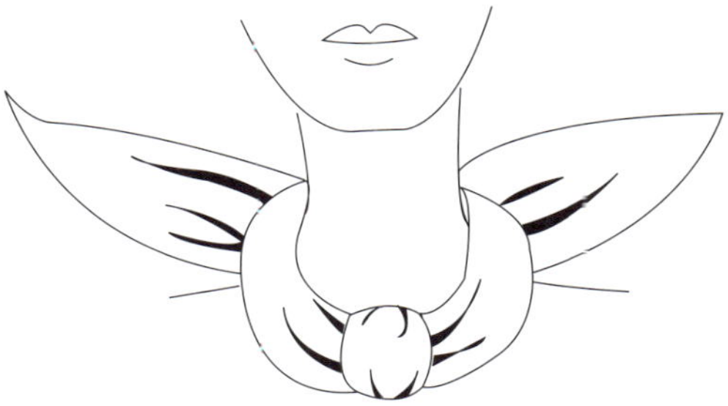

3 Den Knoten vor die Halsgrube legen und die Enden zum Nacken führen. Dort überkreuzen.

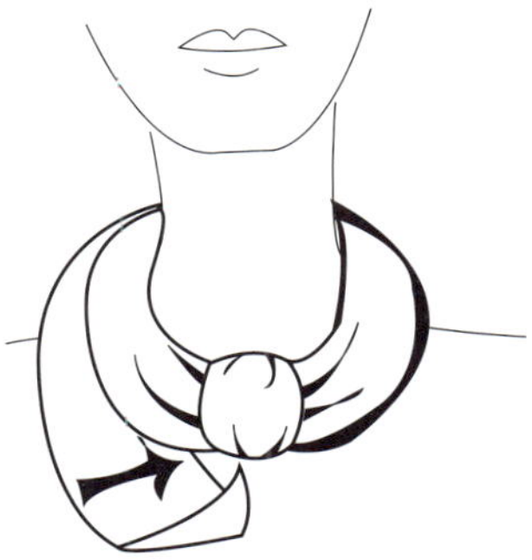

4 Die Tuchzipfel nach vorne ziehen und die Enden in der Rückseite des Knotens verstecken.

Material
Seide, Baumwollvoile oder dünne Wolle

Größe
Schal mindestens 40 x 140 cm
Tuch 90 x 90 cm

Anwendung
Zu kragenlosen Blusen und Pullovern

Unser Tipp

Wenn Sie ein locker gewebtes Tuch verwenden, können Sie den Knoten zusätzlich mit einem flachen Ohrstecker verzieren. Achten Sie aber darauf, dass Sie das Gewebe nicht beschädigen.

Feminine Rose

Passend zur Mode im Landhausstil wird aus einem Schal eine hübsche romantische Rose gewickelt. Sie unterstreicht den femininen Stil der Trägerin und ist deshalb auch eine elegante Ergänzung zu einem schlichten unifarbenen Kleid oder Kostüm.

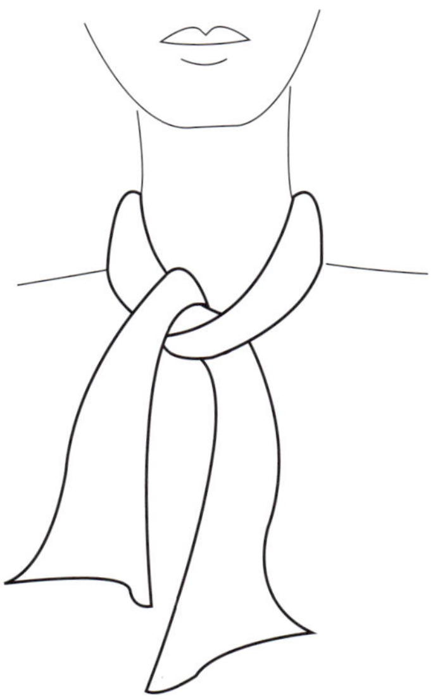

1 Einen Schal mit gleichmäßig herabhängenden Enden um den Hals legen und mit einem halben Knoten verschlingen.

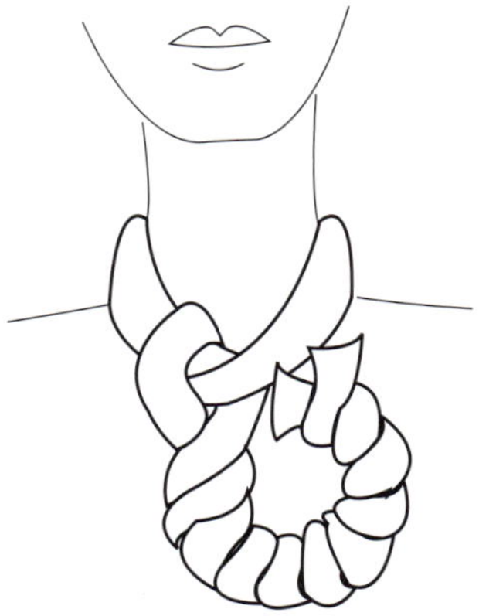

2 Die Schalenden auf gleicher Höhe festhalten und zur festen Kordel miteinander verdrehen.

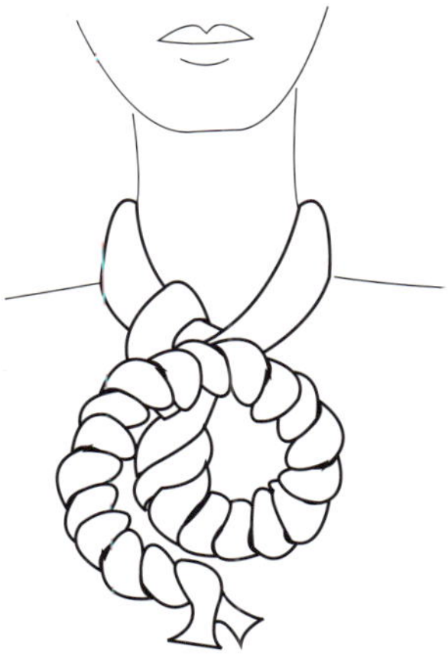

3 Die Kordel so fest verdrehen, dass sich wie von selbst eine Schnecke ergibt. Diese gleichmäßig um den Ansatz in der Mitte wickeln.

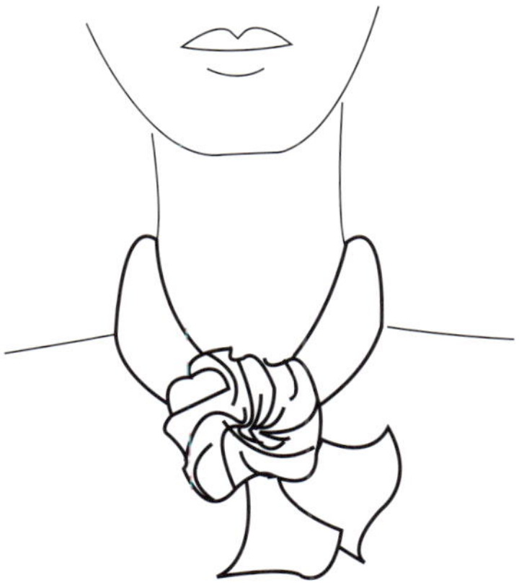

4 Die Tuchenden durch den Mittelpunkt der Rose nach hinten stecken, verknoten und die Enden entweder lose hängen lassen oder in der Schnecke verstecken.

Material
Seide oder Viskose

Größe
40 x 140 cm

Anwendung
Zur ausgeschnittenen Bluse im Landhausstil, zum Trachtenkleid oder zu einer schlichten Bluse mit Kragen

Unser Tipp

Die Rose kommt bei großflächig gemusterten oder unifarbenen Schals ganz besonders schön zur Geltung.

Schleifen im Duett

Die Behauptung, man könne entweder Schleifen binden oder lerne es nie, ist hinfällig. Wenn Sie die Schritt-für-Schritt-Anleitungen genau nachvollziehen, gehören Sie in Zukunft auf alle Fälle zu denjenigen, die Schleifen perfekt binden können.

Halbe Schleife

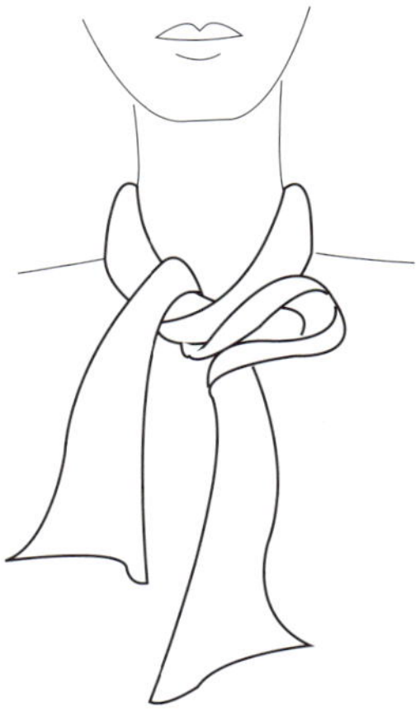

1 Den Schal mit ungleichmäßig herabhängenden Enden um den Hals legen und einmal verschlingen. Das längere Ende seitlich unterhalb der Schlinge zur Schlaufe legen.

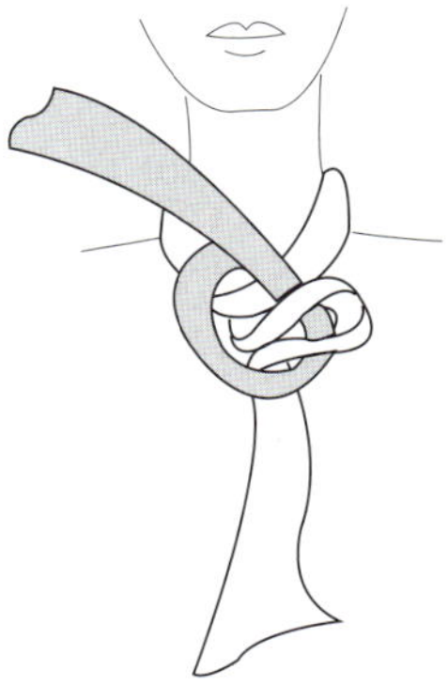

2 Das kürzere Ende von unten nach oben um die seitlich gelegte Schlinge wickeln.

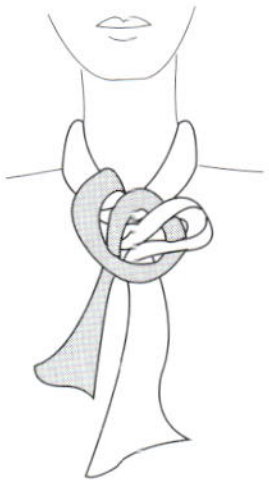

3 Das kürzere Schalende durch die Schlingenwicklung durchstecken und die Schlinge festziehen.

Ganze Schleife

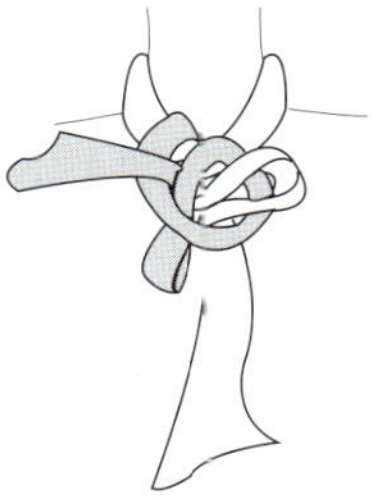

1 Den Schal gleich lang um den Hals legen und die Arbeitsschritte 1 und 2 der halben Schleife ausführen. Mit dem kurzen Ende eine Schlaufe bilden und diese in die Wicklung nach unten stecken.

2 Die Schlaufen beidseitig des Knotens gleichmäßig lang herausziehen, bis eine schöne Schleife entsteht.

Material
Alle Stoffarten

Größe
Mindestens 40 x 140 cm, je nach Schleifengröße auch länger

Anwendung
Um Blusenkragen, im offenen Ausschnitt oder bei halsfernen Pullovern

Unser Tipp

Bei der halben Schleife entsteht eine stufenartige Wirkung wie auf dem Foto, wenn Sie die Schleife nach unten ziehen und auf die Schalenden legen. Sie können die Schleife aber auch zur Seite hin legen. Dann sollte sie aber nicht so lang herausgezogen werden.

Große Plisseeschleife

Diese Schleife ergibt am Knoten etwas mehr Volumen, daher ist sie für Blusenkragen nicht so gut geeignet, es sei denn, Sie verwenden ein sehr dünnes Seidentuch. Die Plisseefalten stehen gleichmäßig gefaltet zu beiden Seiten des Knotens weg.

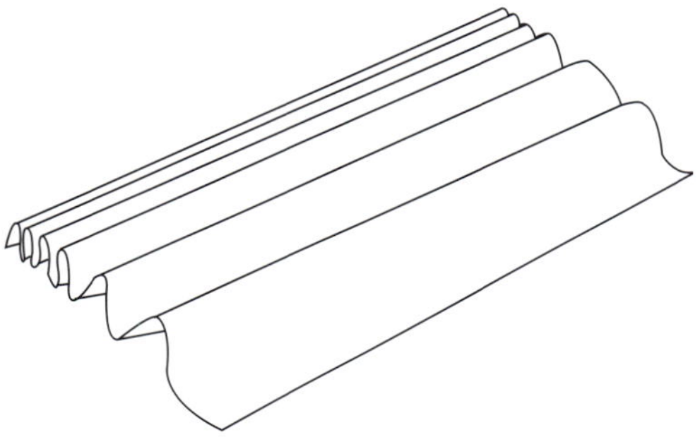

1 Das quadratische Tuch entlang einer Kante in 4 Zentimeter breite Ziehharmonikafalten legen.

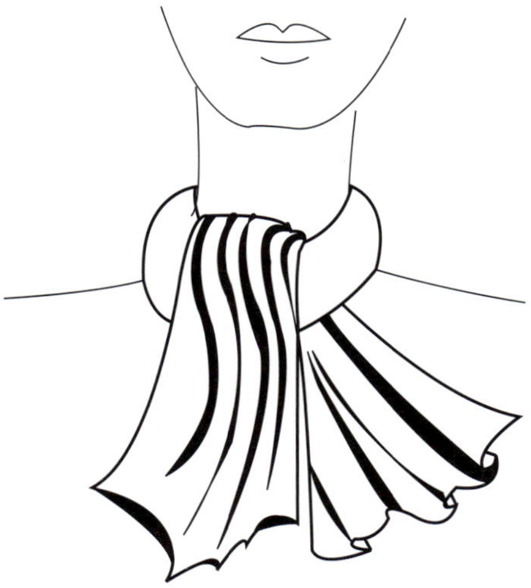

2 Das gefaltete Tuch gleichmäßig lang um den Hals legen und vor der Halsgrube mit einem halben Knoten verschlingen.

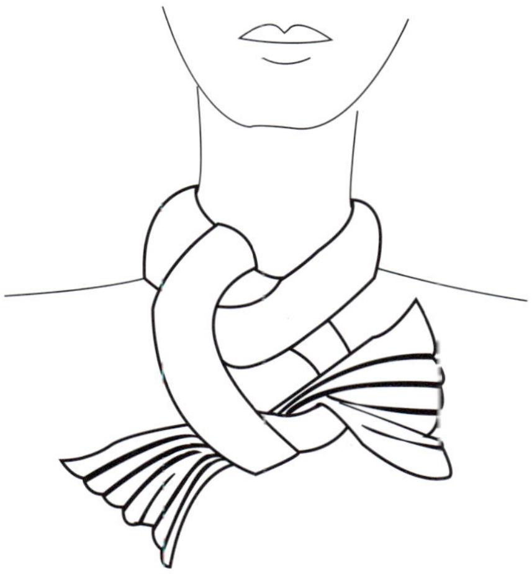

3 Anschließend das unten liegende Tuchende um das obere Tuchende schlingen und das Ende durch die so entstandene Schlinge ziehen.

4 Die gefalteten Tuchenden beidseitig aus dem Knoten herausziehen und die Falten etwas auffächern.

Material
Dünne Seide oder Viskose

Größe
90 x 90 cm

Anwendung
Zu kragenlosen Pullovern und Blusen

Unser Tipp

Wenn Sie ein unifarbenes Tuch verwenden, können Sie den Knoten zusätzlich mit einer interessanten Brosche oder einem Ohrklips verzieren.

Klassischer Cabriolook

Mit diesem Kopfschmuck assoziiert fast jeder Grace Kelly, alte Cabrios, Sonne, Meer und Wind. Aber auch ohne diese Symbole kleidet ein so geschlungenes Kopftuch jede Frau, und windige Tage mit Sonnenschein gibt es auch zur Genüge, an denen man trotzdem gerne einen Spaziergang macht.

1 Ein quadratisches Tuch in der Diagonalen zum Dreieck falten; dabei sollten die Ecken genau aufeinander liegen. Nun die Mitte der Bruchkante über den Scheitel legen; die beiden Zipfel hängen seitlich nach unten.

2 Die herabhängenden Enden unter dem Kinn überkreuzen und beide Zipfel nach hinten zum Nacken führen.

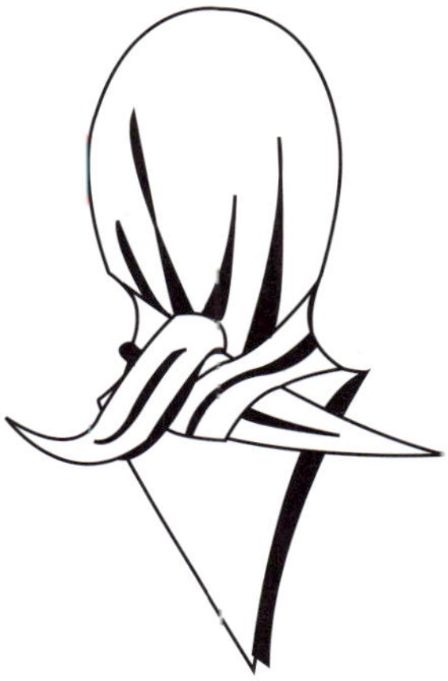

3 Im Nacken eine Tuchecke von unten nach oben über die zweite Tuchecke schlingen, dabei aber nicht zu fest anziehen.

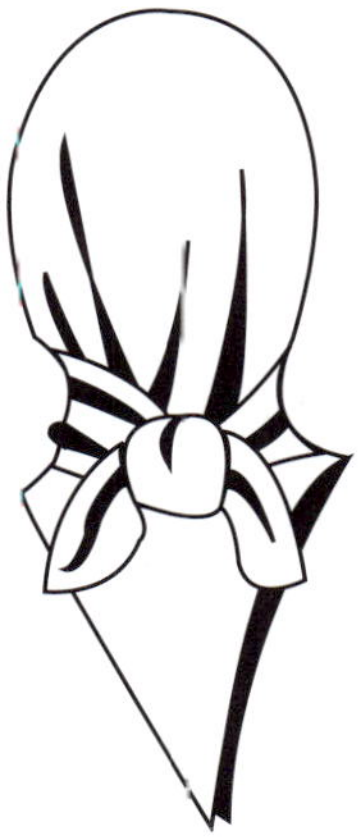

4 Um den oben liegenden herabhängenden Zipfel den unten liegenden schlingen und diese Tuchecke durch die entstandene Schlinge führen. An beiden Ecken gleichmäßig ziehen und die Tuchfalten zurechtzupfen.

Material
Seide, Viskose oder Baumwolle

Größe
90 x 90 cm bis 110 x 110 cm

Anwendung
Schutz vor Wind und schlechtem Wetter

Unser Tipp

Diese Kopfbedeckung schützt Ihre Frisur wie eine Kapuze vor Wind. Da sie ganz locker am Kopf liegt, wird Ihr Haar dabei nicht zerdrückt. Sie können das Tuch auch wie eine Kapuze nach hinten vom Kopf schieben, falls es bei Sonnenschein zu warm wird.

Orientalisches Stirnband

Diese Wicklung eignet sich für Frauen jeden Alters und jeden Typs, egal, ob Sie lange oder kurze Haare haben. Gedämpfte oder dunkle Farben erzielen eine geheimnisvolle bis elegante Wirkung, sommerlich heiter wirken farbenfroh gemusterte und helle Schals.

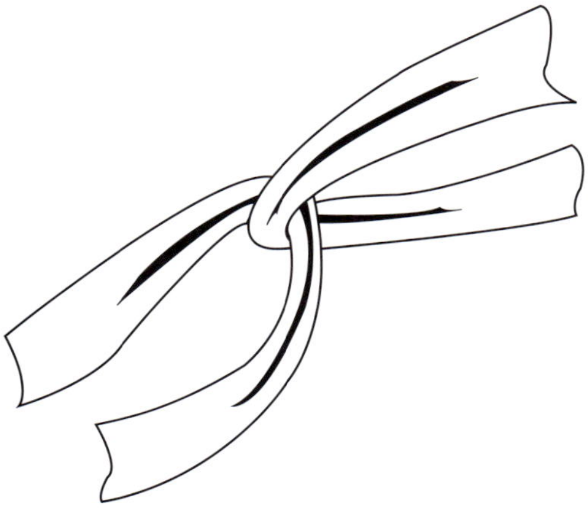

1 Zwei Schals in Kontrastfarbe oder in der gleichen Farbe mittig über Kreuz legen. Das oben liegende Tuch um das darunter liegende schlingen und anschließend die Enden des jeweils gleichen Schals aufeinander legen.

2 Die Haare eventuell mit etwas Gel oder Wachs flach an den Kopf kämmen. Den Mittelpunkt der beiden Tücher auf die Stirnmitte auflegen.

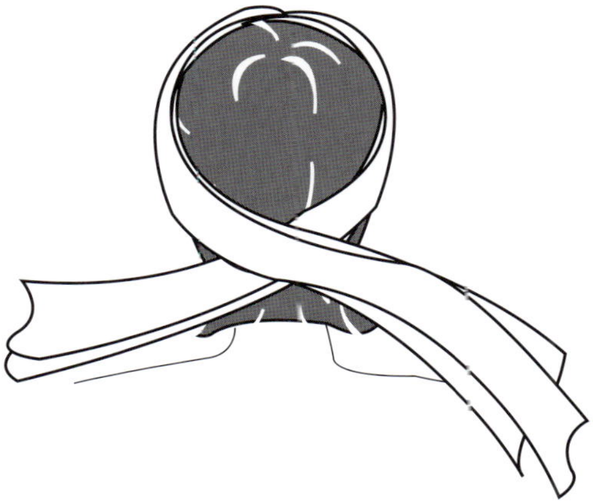

3 Die Schals beidseitig über den Ohren nach hinten zum Nacken führen. Sollten die Schals dabei verrutschen, am besten mit Haarklammern an den Schläfen fixieren.

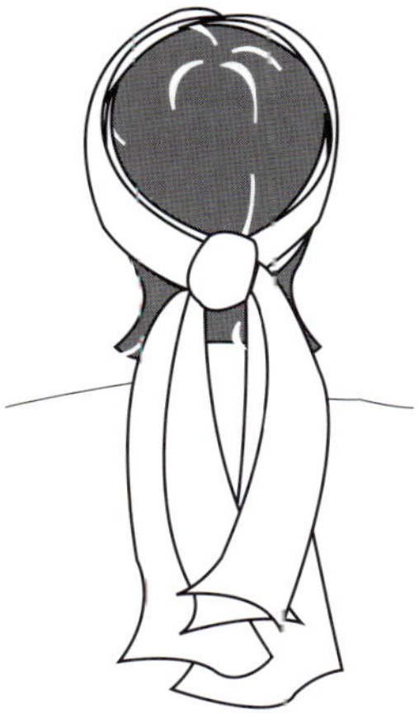

4 Am Hinterkopf einen festen Knoten binden; der Knoten sollte genau im Nacken sitzen. Die Schals leicht auseinander ziehen.

Material
Jede dünne, nicht zu glatte Stoffart

Größe
40 x 120 cm

Anwendung
Als elegante Ergänzung zu einem schlichten Kleid, als Notlösung bei nicht mehr optimal sitzender Frisur

Unser Tipp

Eine ähnliche Wirkung erzielen Sie auch mit einem einzelnen, etwas längeren Schal. Legen Sie die Schalmitte in den Nacken, ziehen Sie die Enden nach vorne, und überkreuzen Sie sie vor der Stirn. Die Schalenden zum Nacken zurückführen und dort verknoten.

Geknotetes Stirnband

Oft sind Tuch oder Schal zwar nicht unbedingt notwendig, aber mit dem entsprechenden Modebewusstsein und Geschmack ausgewählt, ergänzen sie die Bekleidung auf raffinierte Art und verleihen der Trägerin Originalität und Eleganz zugleich.

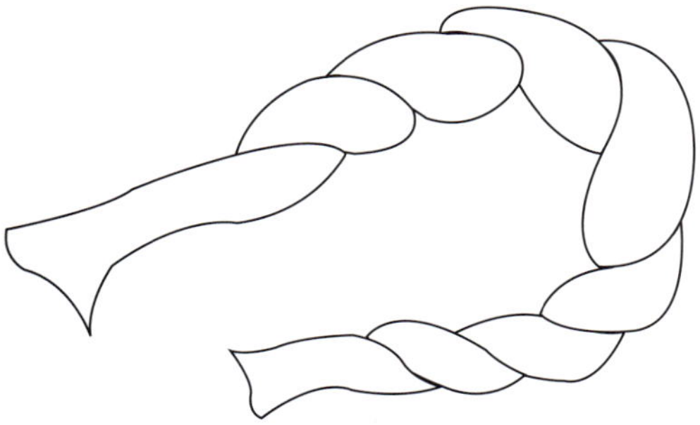

1 Einen Schal an einem Ende festhalten und das andere Ende immer wieder drehen, bis sich eine mittelfeste Kordel ergibt.

3 Den Schal von vorne nach hinten in Ohrenhöhe waagrecht um den Kopf legen, dabei darauf achten, dass sich die Kordeldrehungen nicht lösen.

Material
Dünne Seide, Viskose oder Baumwolle

Größe
40 x 140 cm

Anwendung
Als Ergänzung des abendlichen Outfits oder als witziges Accessoire zu sommerlicher Kleidung

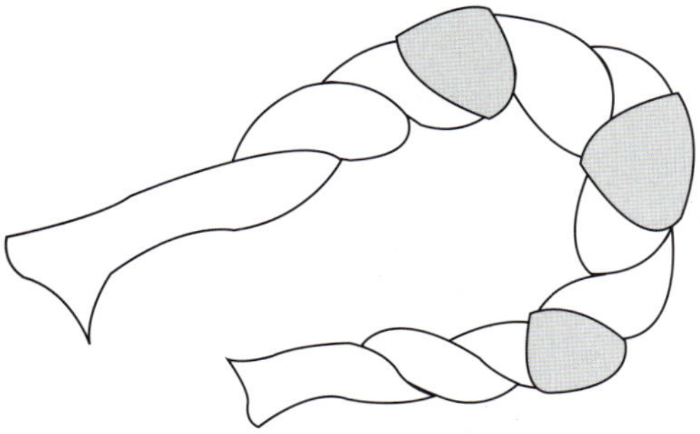

2 Mit der Kordel beliebig viele einfache Knoten von der Mitte des Schals aus schlingen.

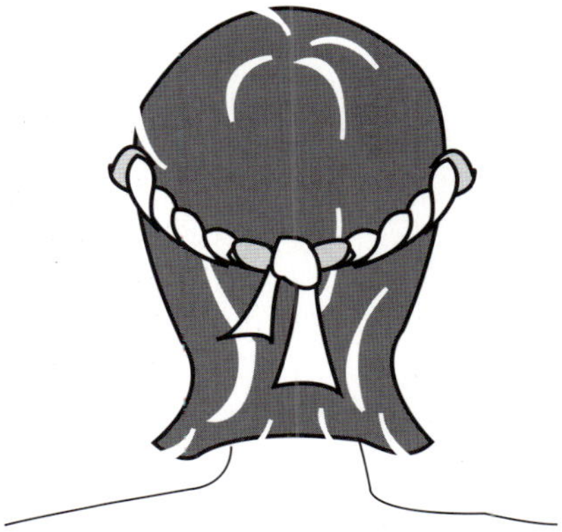

4 Die Schalenden oberhalb des Nackens in der Mitte des Kopfes verknoten. Die Enden entweder lose hängen lassen oder um die Kordel wickeln und darunter verstecken.

Unser Tipp

Sie können anstelle der Knoten einen längeren Schal zur Kordel drehen, seitlich verknoten und die Enden zur Rose wickeln (wie auf Seite 41 beschrieben).

Dekorativer Turban

Mit einem Tuch, das die gesamten Haare bis zum Haaransatz bedeckt, können Sie schnell eine schlecht sitzende Frisur oder nasse Haare bedecken. Diese Wickeltechnik betont Ihre Gesichtszüge und Ihr Profil auf äußerst vorteilhafte Weise, und keiner denkt dabei an eine Notlösung.

1 Ein quadratisches, diagonal gefaltetes Tuch mit der Bruchkante auf die Stirnmitte legen und beide Tuchzipfel unterhalb der Ohren zum Nacken führen.

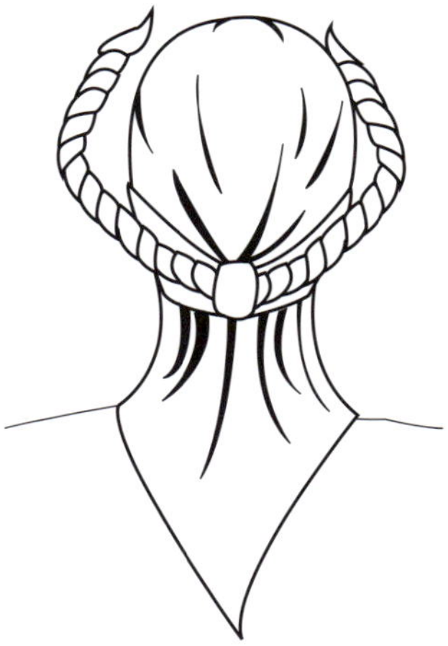

2 Im Nacken die Tuchecken fest miteinander verknoten. Das Tuch tief in die Stirn ziehen, es sollte am ganzen Kopf fest anliegen. Die Tuchzipfel beidseitig des Knotens zur Kordel drehen und nach vorne ziehen.

3 Die Tuchenden über der Stirn miteinander verknoten und die Zipfel unter der Kordel verstecken.

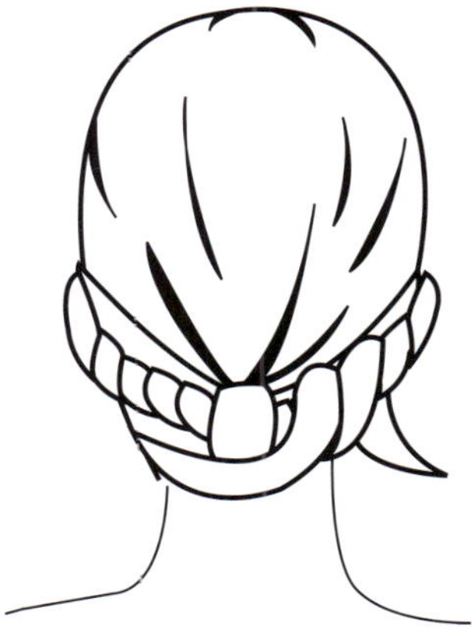

4 Die Tuchecke im Nacken entweder lang herabhängen lassen oder um die Kordel neben dem Knoten schlingen und das Ende verstecken.

Material
Alle nicht zu dicken Stoffarten

Größe
Mindestens 90 x 90 cm

Anwendung
Als modische Ergänzung jeden Outfits oder bei schlecht sitzender Frisur

Unser Tipp

Mit großen Ohrklipps oder -ringen wird das orientalische Flair dieser Tuchwicklung noch unterstrichen.

Langes Haar geschickt verknotet

Beide Techniken, Ihr langes Haar zu bändigen, sind nützlich und schmückend zugleich. Dabei bleibt es offen, ob es nur eine Notlösung oder eine modische Ergänzung zu Ihrem Kleidungsstil ist. Es ist in jedem Falle eine fantasievolle Art, Ihre Haare ins rechte Licht zu setzen.

Geflochtener Zopf

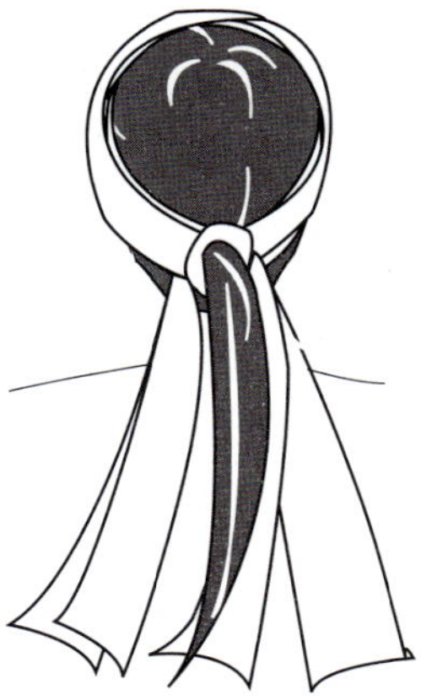

1 Die Haare zum Pferdeschwanz binden. Zwei Schals aufeinander legen und von der Stirn zum Pferdeschwanz führen. Um den Haargummi herum verknoten. Mit den Tuchenden und dem Pferdeschwanz drei Flechtstränge bilden.

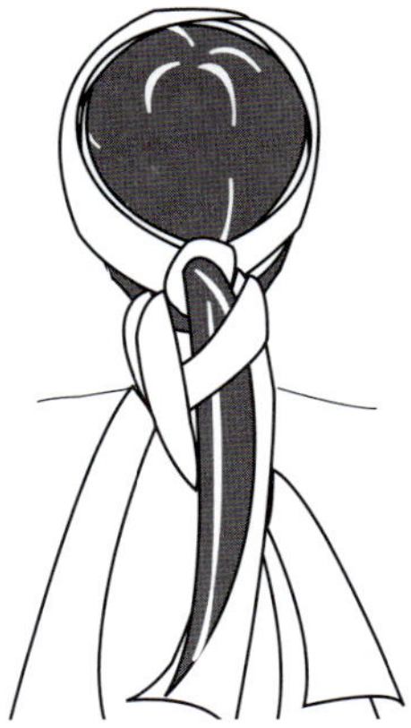

2 Einen Zopf bis zu den Tuchenden flechten. Die Enden entweder mit einem Zopfgummi fixieren oder die Schalzipfel verknoten.

Umwickelter Dutt

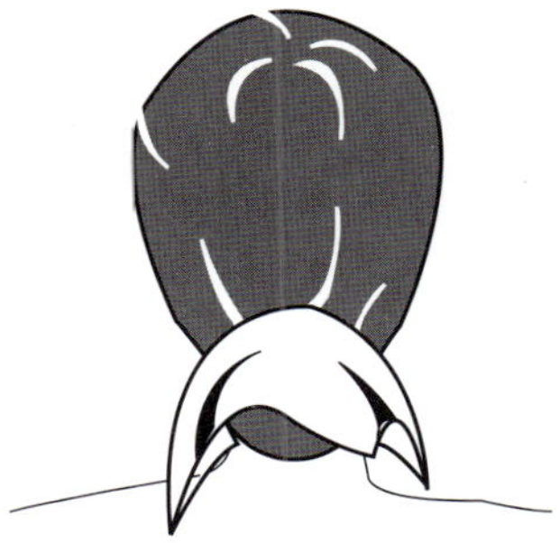

1 Die Haare im Nacken zusammenfassen und zu einem Dutt stecken. Ein diagonal gefaltetes Nickituch über den Dutt legen und diesen damit vollständig abdecken.

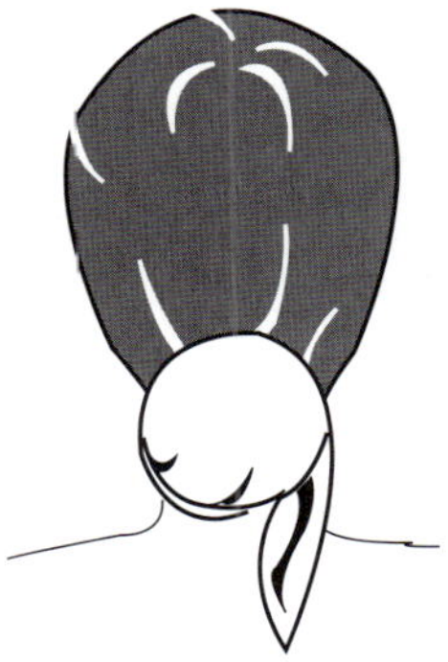

2 Die seitlichen Tuchzipfel über dem mittleren Zipfel verknoten, das Tuch soll fest am Dutt anliegen. Die Zipfel mehrmals um den Dutt wickeln und unter dem Knoten feststecken.

Material
Dünne Stoffarten

Größe
40 x 140 für die Schals
Für das Nickituch 40 x 40 cm

Anwendung
Zum dekorativen Bändigen langer Haare

Extrazutaten
Zopfgummi

Unser Tipp

Einzelne abstehende Härchen werden mit einem Hauch Haarlack, Wetgel oder Haarwachs perfekt mit den übrigen Haaren verbunden.

Elegante Abendbluse

Ein Tuch, vor allem in dieser Größe, ist sehr vielseitig einsetzbar, denn Sie können nicht nur einen Vorschlag damit wickeln oder knoten. Einmal ist es eine Abendbluse, das nächste Mal wird es als schulterfreies Strandkleid gewickelt, und an kühleren Tagen wärmt es über Jacke oder Pulli.

Material
Seide, Viskose oder fließende Baumwolle

Größe
140 x 140 cm

Anwendung
Bluse für den Abend

1 Das Tuch um den Rücken legen; die Oberkante beidseitig mit 40 Zentimetern Abstand zu den Längskanten mit den Händen zu kleinen Zipfeln fassen.

2 Die Zipfel mehrmals verdrehen, sodass dünne Zöpfe entstehen. Diese beiden Zöpfe nach oben zum Nacken ziehen.

3 Die Zipfelenden im Nacken miteinander verknoten. Vorne hängt das Tuch ab Schlüsselbeinhöhe beidseitig in einem lockeren Wasserfall herab.Die unteren Tuchecken so übereinander legen, dass das Tuch in der Taille schmal anliegt.

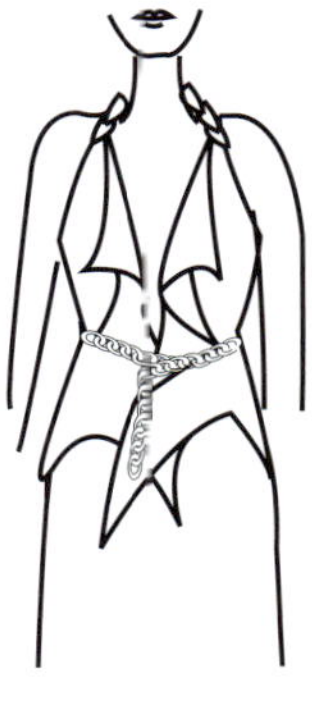

4 Damit das Tuch nicht verrutscht, wird der Stoff mit einem Gürtel in der Taille oder auf der Hüfte gehalten.

Unser Tipp

Ohne Gürtel können Sie das Tuch in Taillenhöhe mit einer Sicherheitsnadel, die im Wasserfall versteckt ist, sichern. Oder Sie verknoten die Tuchecken in der Taille.

Tops aus Schal oder Tuch

Wer vermutet hinter diesen beiden Oberteilen ein Tuch oder gar einen Schal? Bei einem Urlaub im sonnigen Süden gestalten Sie mit einigen Schals oder Tüchern, die am besten farblich harmonieren, einen Großteil der Garderobe. So bleibt Platz im Koffer für die beliebten Mitbringsel.

Material
Seide, Viskose oder Baumwolle

Größe
Schal 50 x 160 cm
Tuch 140 x 140 cm

Anwendung
Sonnentop am Strand oder für den Abend

Oberteil aus einem Schal

1 Den Schal um den Rücken legen und beidseitig mit ca. 30 cm Abstand zu den Seiten an der Oberkante festhalten.

2 Die Zipfel miteinander über der Brust verknoten. Die unteren Schalecken wie bei einer Wickelbluse von vorne nach hinten ziehen und im Rücken miteinander verknoten.

Asymmetrisches Top

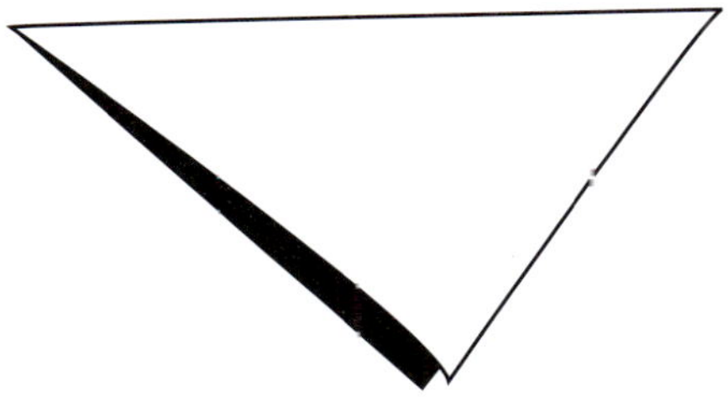

1 Das Tuch links auf links in der Diagonalen falten. Das Tuch mit der Bruchkante unter einen Arm legen; die Tuchspitzen liegen auf der Außenseite des Oberschenkels.

2 Die Tuchzipfel am Bruch unter dem anderen Arm verkreuzen und vor der Brust bzw. hinter dem Rücken nach oben zur gegenüberliegenden Schulter ziehen. Auf der Schulter verknoten.

Unser Tipp

Finden Sie kein Tuch in dieser Größe, kaufen Sie 140 Zentimeter breite Meterware und säumen Sie die Kanten.

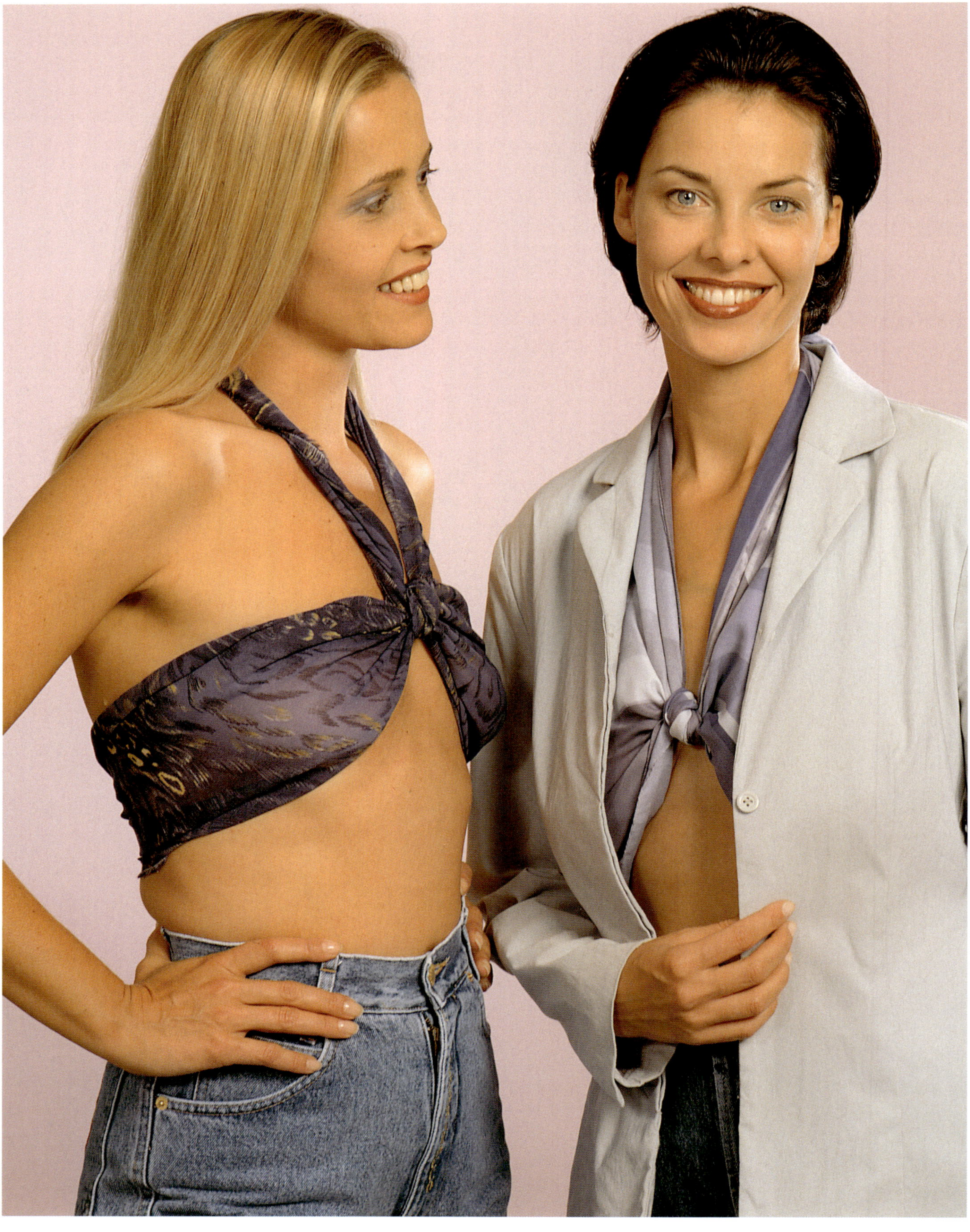

Sonnentops für Stadt und Strand

Tücher und Schals sind eine echte Alternative und vielseitige Ergänzung Ihrer Urlaubsgarderobe, denn sie lassen sich auch zu einem Oberteil binden. Sind Sie auf dem Weg vom Strand zum Stadtbummel, werden die Tops mit einem Blazer cityfein.

Oberteil aus einem Schal

1 Den Schal von hinten nach vorne über die Brust wickeln und in der vorderen Mitte fest miteinander verknoten.

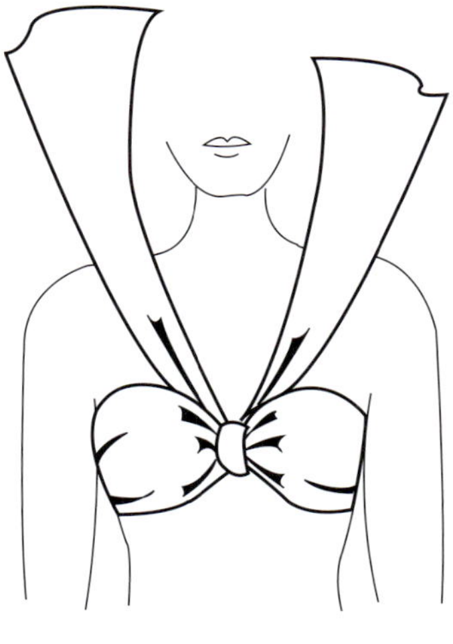

2 Die Schalenden zum Rücken legen und im Nacken verknoten. Den Schal über der Brust und im Rücken auseinander ziehen.

Oberteil aus zwei Tüchern

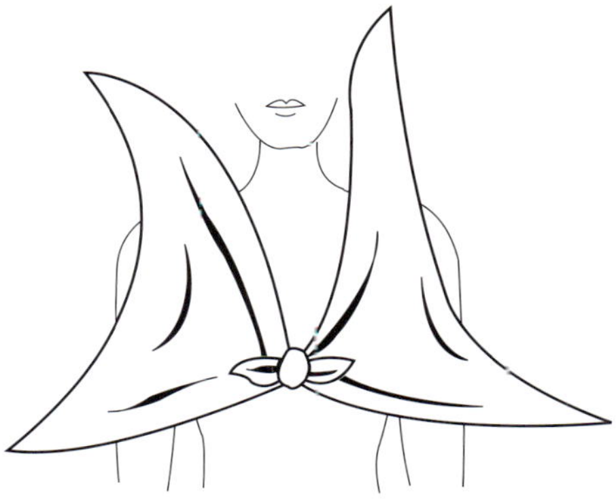

1 Zwei quadratische Tücher in der Diagonalen zum Dreieck falten und spiegelbildlich so nebeneinander legen, dass die Tuchecken in der Mitte übereinander und die Bruchkanten außen liegen. Die Spitzen beider Tücher in der Mitte miteinander verknoten. Den Knoten in Brusthöhe vor das Brustbein legen und die oberen Enden im Nacken zusammenbinden.

2 Die seitlich herabhängenden Tuchzipfel in der Rückenmitte straff verknoten.

Material
Seide, Viskose oder Baumwolle

Größe
Schal 50 x 160 cm
2 Tücher 90 x 90 cm

Anwendung
Als Sonnentop am Strand oder unter Blazer und Jacke

Unser Tipp

Mit einem farblich passenden Pareo (Seite 78/79) erhalten Sie ein Aufsehen erregendes Outfit für eine Party am Strand oder in der Diskothek.

Trägerloses Bikinioberteil

Aus zwei gleich großen Schals lässt sich im Handumdrehen dieses interessante Oberteil binden. Kombinieren Sie es mit einer farblich passenden Bikinihose am Strand, oder tragen Sie es zu Hose und Rock, es wirkt immer elegant. Zusammen mit einer auffälligen Kette ziehen Sie alle Blicke auf sich.

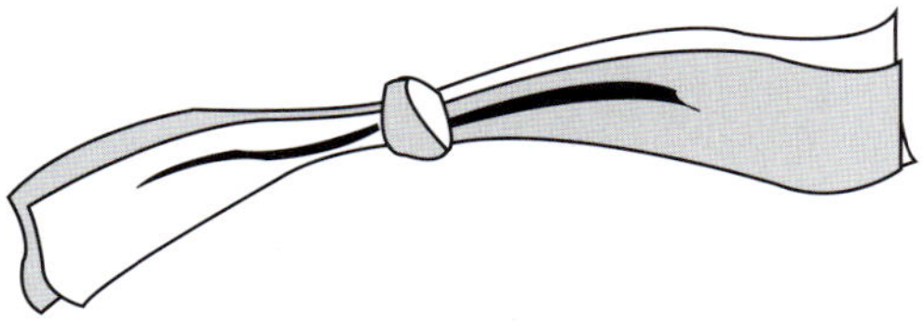

1 Einen hellen und dunklen Schal deckungsgleich übereinander legen. In die Mitte einen einfachen Knoten binden und anschließend so auslegen, dass auf einer Seite der hellere, auf der anderen Seite neben dem Knoten der dunklere Schal auf der Oberseite liegt.

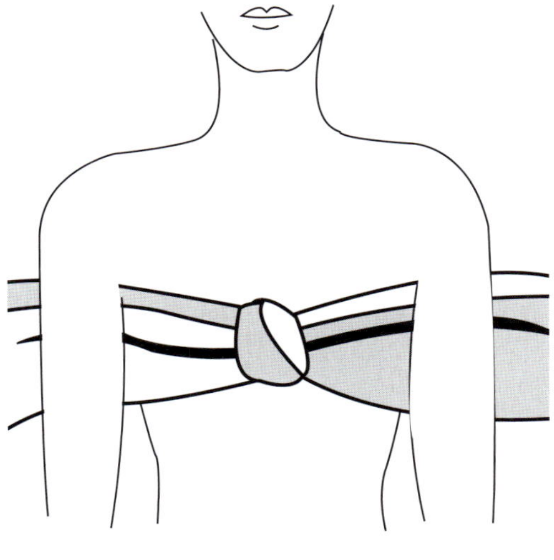

2 Den Knoten in Brusthöhe vor das Brustbein legen und die Schals zum Rücken ziehen. Am einfachsten geht das, wenn die Schals mit den Armen am Oberkörper angepresst werden. So lässt sich der Knoten genau in der Brustmitte fixieren.

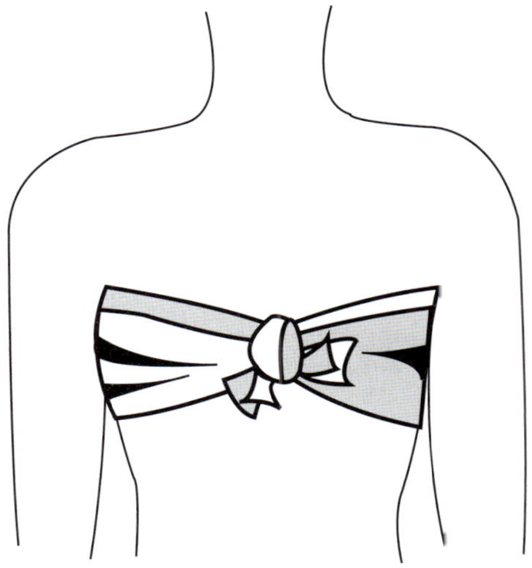

3 Die Schals in der Rückenmitte binden. Dafür alle vier Enden mit einem Knoten zusammenbinden. Eine andere Möglichkeit ist es, zuerst die beiden hellen Schalenden mit einem Knoten zu schließen und dann darunter die beiden dunkleren Schalenden miteinander zu verknoten. Der Vorteil des Doppelknotens besteht darin, dass sich die Schals bei einer größeren Oberweite besser über der Brust auseinander ziehen lassen und auch nicht wieder zurückrutschen.

Material
Seide, Viskose oder Baumwolle

Größe
2 Schals
50 x 160 cm

Anwendung
Als Sonnentop oder als Ersatz für ein Bikinioberteil

Unser Tipp

Diese Wicklung kann auch mit einem einzelnen Tuch gebunden werden, es sollte dann allerdings blickdicht sein.

Wickeltop mit Überraschung

Zwei ganz verschiedene Ansichten bietet diese Technik. Auf der Vorderseite ist die Bluse hochgeschlossen. Die Rückenansicht sorgt dagegen für Aufsehen. Mit einer Jacke ist dieses Top fürs Büro geeignet, und ohne die Kleidung zu wechseln, sind Sie im Handumdrehen zur Sommerparty bereit.

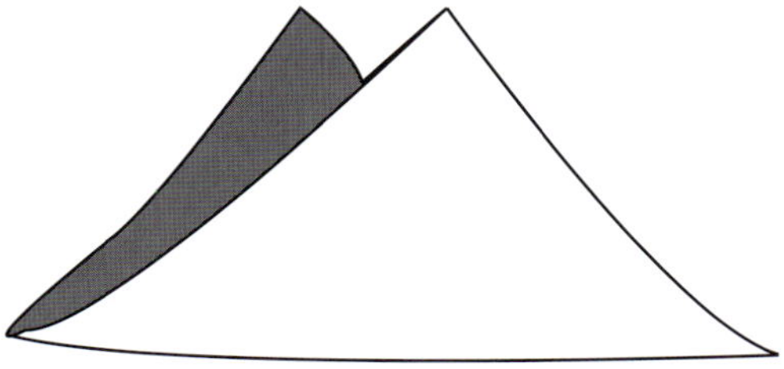

1 Ein quadratisches Tuch so zum Dreieck legen, dass die Bruchkante unten quer verläuft und die offenen Ecken etwa 10 bis 15 Zentimeter nebeneinander liegen.

2 Den Schnittpunkt der beiden Tuchecken vor die Halsgrube legen und die Tuchzipfel über die Schultern nach hinten führen; die Bruchkante verläuft in Taillenhöhe. Die seitlichen Ecken mit den Oberarmen auf dem Oberkörper festhalten. Es ist von Vorteil, wenn das Tuch auf beiden Seiten gleichmäßig bedruckt beziehungsweise durchgefärbt ist, da ein Teil der linken Stoffseite zu sehen ist. Auf Wunsch eine Anstecknadel unterhalb der Tuchüberkreuzung einstecken.

3 Die offenen Tuchecken im Nacken miteinander verknoten. Werden sie fest verknotet, ist das Top vorne hochgeschlossen. Sind die Enden locker miteinander verknotet, ist der Ausschnitt etwas größer. Die seitlichen Zipfel entweder in Taillenhöhe oder in Brusthöhe miteinander verknoten.

Material
Seide, Viskose oder Baumwolle

Größe
110 x 110 cm

Anwendung
Solo als Sonnentop, mit Jacke als Ersatz für eine Bluse im Sommer

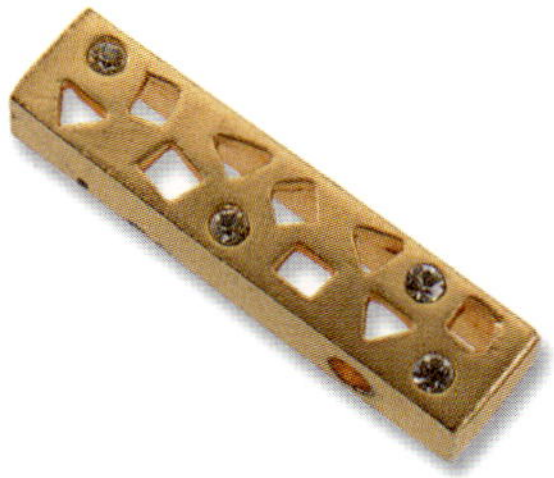

Unser Tipp

Da das Tuch überall doppelt liegt, können Sie auch ein halbtransparentes Organzatuch verwenden.

Elegante Bluse mit Wasserfall

Diese Wickeltechnik ist an Eleganz kaum zu überbieten. Ein interessant gemustertes Tuch unterstreicht diesen Effekt zusätzlich. Probieren Sie am besten die verschiedenen Wickelrichtungen eines Tuches aus; Sie werden sehen, die Wirkung ist jedes Mal anders.

1 Das quadratische Tuch mit einer quer verlaufenden Kante vor den Körper halten. Die oberen Tuchecken in den Nacken legen, seitlich das Tuch mit den Armen festhalten.

2 Die Schalenden im Nacken mit kurzen Zipfeln verknoten. Dadurch fällt die Tuchkante vor der Halsgrube in weichen Querfalten herab. Sind die Knotenzipfel länger, wird der Ausschnitt umso kürzer. Die untere Querkante des Tuchs in etwa 3 Zentimeter tiefe Ziehharmonikafalten legen, bis die Unterkante in Taillenhöhe liegt.

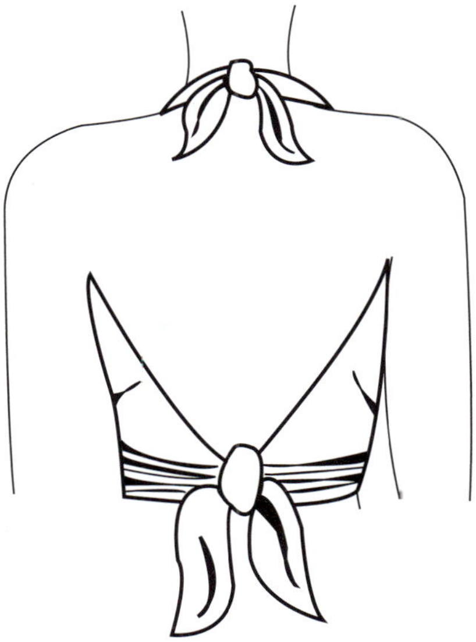

3 Beide Tuchkanten seitlich auseinander ziehen, sodass die Falten über die ganze Breite reichen. Die gefalteten Ecken zur Rückenmitte ziehen und dort in Taillenhöhe miteinander verknoten. Den Stoff nach Wunsch auf der Vorderseite etwas aus den Falten herausziehen, sodass das Tuch leicht über die Taillenfalten schoppt, oder ganz glatt in den Faltenbund stecken.

Material
Schwere Seide oder Viskose

Größe
Mindestens 90 x 90 cm

Anwendung
Als Ersatz für eine Sommmerbluse

Unser Tipp

Sie betonen den Ausschnitt besonders elegant, wenn Sie eine lange Kette über den Wasserfall legen.

Extravagantes Abendtop

Wie ein exklusives Designermodell aus dem Laden wirkt dieses Oberteil, und trotzdem ist es nur aus einem Tuch gewickelt. Mit einem schwarzen Seidentuch sind Sie perfekt ausgestattet für eine Sommerparty zu Hause oder im Urlaub.

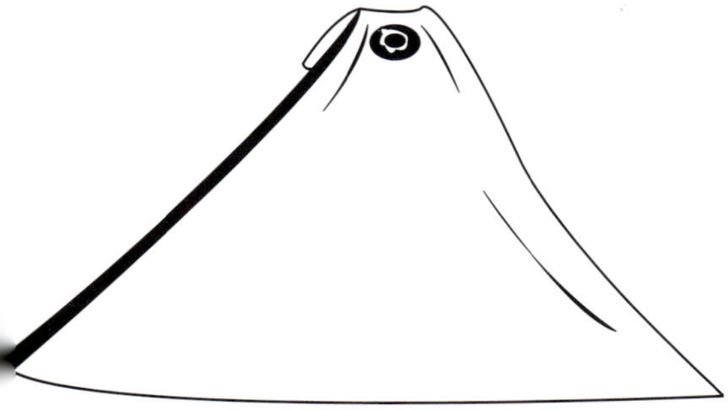

1 Ein quadratisches Tuch in der Diagonalen links auf links zum Dreieck falten. Die beiden oberen Ecken etwa 5 bis 8 Zentimeter auf die Rückseite falten. Unterhalb der parallel zur Diagonalen verlaufenden Bruchkante eine Brosche einstecken und damit die umgelegten Ecken fixieren.

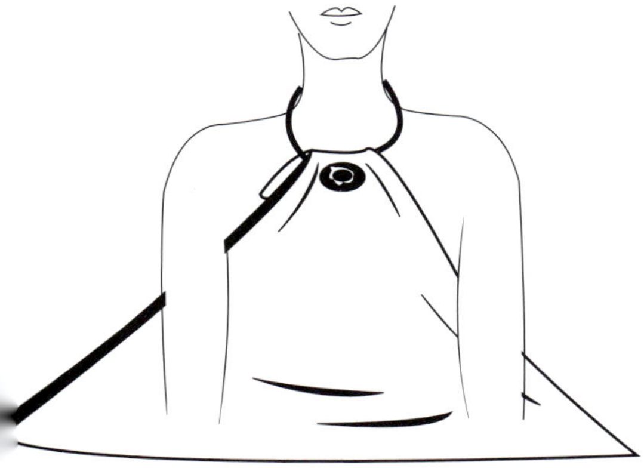

2 Durch den Tunnel oberhalb der Brosche eine kurze Goldkette oder eine farbige Lederschnur einfädeln; dabei darauf achten, dass die Kette oder Schnur beide Stofflagen festhält und nicht nur unter einer Stofflage verläuft. Die Kette um den Hals legen und im Nacken verschließen. Bei einer Lederschnur das eine Ende über dem anderen Ende verknoten, dann das zweite Ende über dem ersten Ende verknoten. Die Schnur über den Kopf und um den Hals legen. Durch das Schieben der beiden Knoten auf der Schnur lässt sich die Halsweite regulieren.

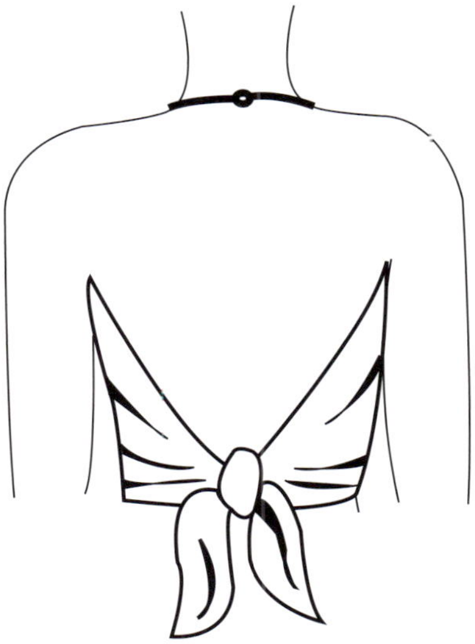

3 Die seitlich neben dem Oberkörper herabhängenden Tuchzipfel in der Rückenmitte in Taillenhöhe oder etwas höher miteinander verknoten.

Material
Seide oder Viskose

Größe
90 x 90 cm

Anwendung
Als abendliches Oberteil

Extrazutaten
Brosche und Kette oder Lederschnur

Unser Tipp

Sie können die umgelegten Tuchecken mit einer Brosche auf einem farblich passenden Kropfband fixieren.

Pashminarock und Wickelkleid

Pashminaschals sind sehr beliebt und werden auch nicht so schnell aus der Mode kommen, da sie äußerst vielseitig sind. Durch das feine Gewebe lassen sie sich ganz klein zusammenfalten und passen in jede Handtasche, sind also jederzeit für die verschiedensten Gelegenheiten einsatzbereit.

Rock

1 Eine Ecke des Pashminas vor dem Hüftknochen halten, das andere Ende vom Bauch über den Rücken zur Seite ziehen.

2 Das Tuch noch einmal über die erste Lage wickeln, dabei den Zipfel in Hüfthöhe noch oben ziehen. Beide oberen Tuchecken miteinander verknoten.

Wickelkleid

1 Eine Ecke des Tuches vor die rechte Schulter halten, dann das Tuch unter dem linken Arm, über den Rücken und unter dem rechten Arm durchziehen.

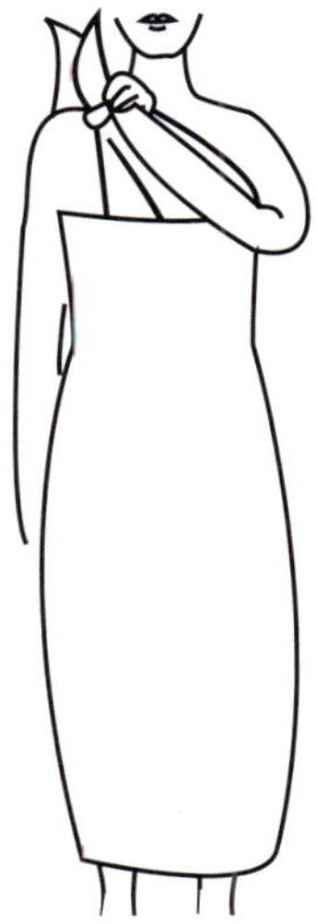

2 Das Tuch noch einmal unter dem linken Arm bis zum Rücken ziehen und die hintere und vordere Tuchecke miteinander auf der Schulter verknoten.

Material
Cashmere mit Seide
Viskose, Seide,
Baumwolle,
Kunstfaser

Größe
Pashmina
90 x 200 cm
Pareo 200 x 140 cm

Anwendung
Rock bei vielen Gelegenheiten mit entsprechenden Oberteilen, Kleid am Strand oder Abend

Unser Tipp

Das Material für einen Pashmina ist edel und daher auch teuer, schauen Sie daher in Kaufhäusern nach Sonderangeboten. Wählen Sie eine Farbe, die zu vielen Teilen Ihrer Garderobe passt.

Gürtel für Rock und Hose

Einfache Jeans mit T-Shirt sind eine äußerst beliebte Kombination. Mit einem als Gürtel umgebundenen Schal, der farblich auf das T-Shirt abgestimmt ist, zeigen Sie Individualität und modisches Gespür, auch wenn es sich »nur« um Freizeitkleidung handelt.

Gürtel mit Schnalle

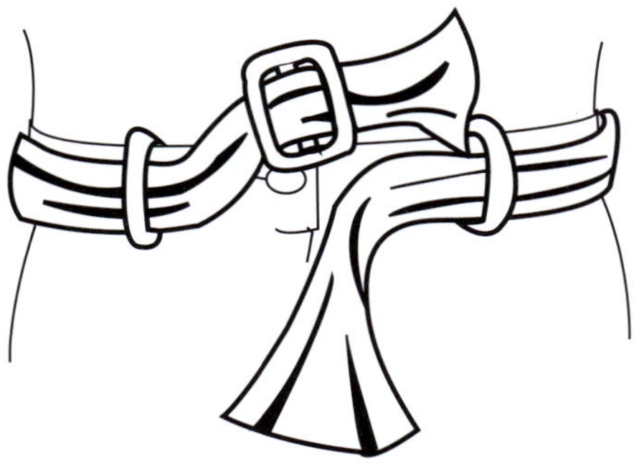

1 Den Schal vom Reißverschluss weg in die Gürtelschnallen der Hose oder des Rocks einfädeln. Ein Ende des Schals in die dornenlose Gürtelschnalle ziehen.

2 Das zweite Schalende ebenfalls durch die Gürtelschnalle ziehen. Gleichzeitig an beiden Enden ziehen, bis die Schnalle direkt vor dem Knopf des Bundes oder dem Reißverschluss sitzt. Ist das Material des Schals sehr glatt, können die Enden unterhalb der Schnalle verknotet werden.

Gürtel verknotet

1 Einen Schal so in die Hosenbundschlaufen fädeln, dass das zweite Ende gleichzeitig mit dem ersten durch die erste Schlaufe gezogen wird.

2 Die Schalenden um die Bundschlaufe herum mit einem Knoten fixieren. Die Schalenden nach oben und unten oder zu den Seiten auseinander zupfen.

Material
Seide oder Baumwolle

Größe
40 x 120 cm

Anwendung
Durch die Gürtelschlaufen des Rock- oder Hosenbunds

Extrazutaten
Dornenlose Gürtelschnalle

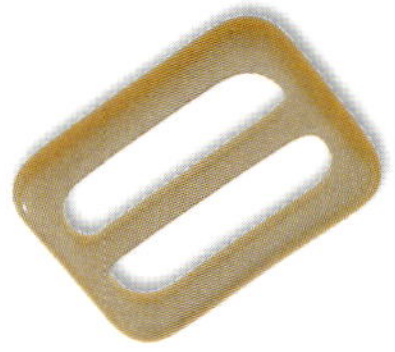

Unser Tipp

Eine dornenlose Schnalle erhalten Sie ohne extra Ausgaben, indem Sie von einem alten Gürtel die Naht neben der Schließe auftrennen und den Dorn mit einer Zange abknipsen.

Attraktive Gürtelschleife

Sie können ein Tuch genauso wirkungsvoll wie einen Gürtel über Ihr Kleid binden. Den besten Effekt erzielt ein gemustertes Tuch auf einem unifarbenen Untergrund oder umgekehrt ein einfarbiger Gürtel auf einem gemusterten Kleid. Probieren Sie den Gürtel auch einmal auf einem Overall aus!

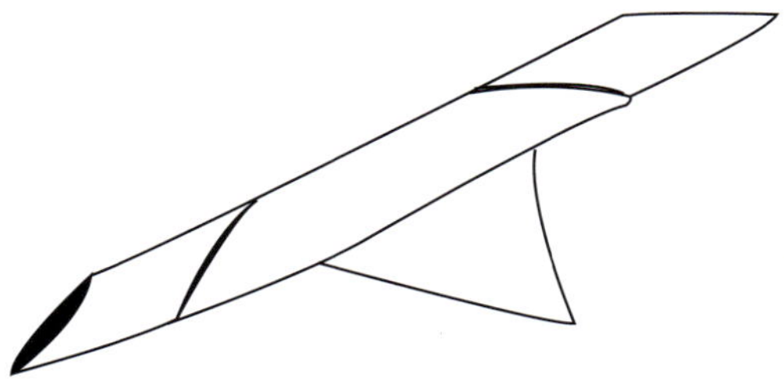

1 Ein quadratisches Tuch über die Diagonale zum Dreieck falten. Von der Bruchkante aus ungefähr 5 Zentimeter breit aufrollen.

2 In die Mitte des aufgewickelten Tuchs einen Knoten knüpfen. Auf beiden Seiten des Knotens die Tuchzipfel gleich lang herausziehen.

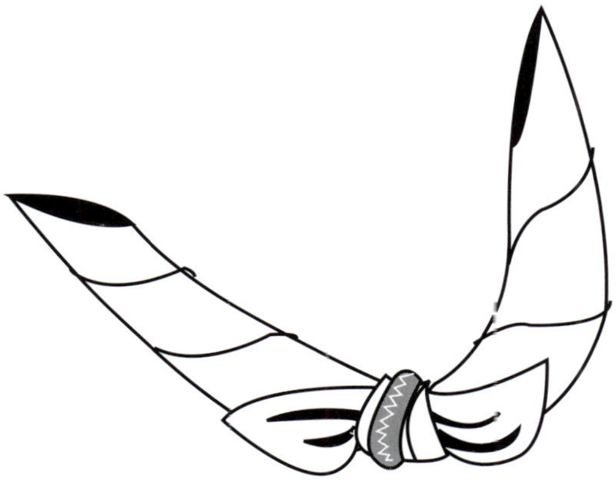

3 Vorsichtig einen dekorativen Haargummi mit Stoffüberzug oder einen Ring über den Knoten schieben.

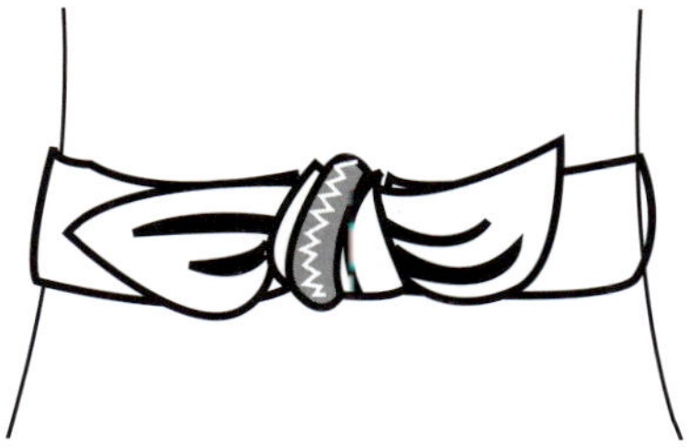

4 Den Gürtel von vorne nach hinten um die Taille wickeln, dabei liegt der Knoten mit dem Ring genau in der Taillenmitte. Die Tuchenden im Rücken verknoten und die Zipfel entweder herabhängen lassen oder im Knoten verstecken.

Material
Seide, Viskose oder Baumwolle

Größe
90 x 90 cm

Anwendung
Zu Kleid oder Overall

Extrazutaten
Haargummi mit Stoffüberzug oder Ring

Unser Tipp

Mit einem Schal, der etwa 50 Zentimeter länger ist als Ihre Taillenweite, erreichen Sie einen ähnlichen Effekt. Binden Sie den Schal von hinten nach vorne um die Taille, knüpfen Sie einen Knoten, und zupfen Sie die Enden auseinander.

Eleganter Rock aus zwei Tüchern

Der Seidenrock in modischer Länge besteht aus zwei Tüchern. Die Wickeltechnik ist verblüffend einfach. Im Handumdrehen haben Sie im Urlaub oder zu Hause einen Rock kreiert, der an Eleganz kaum zu überbieten ist.

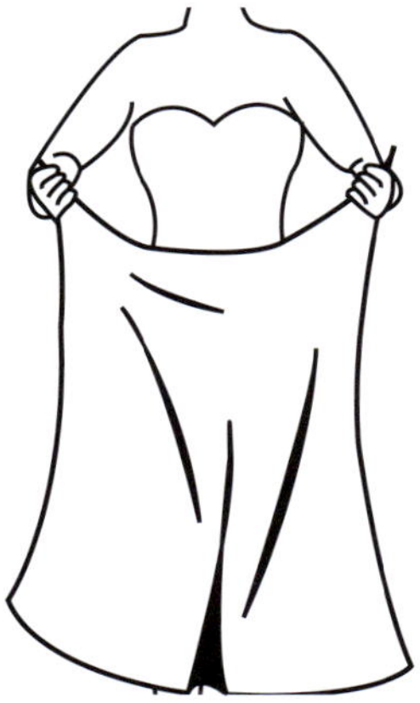

1 Das erste Tuch mit einer waagrechten Kante in Taillenhöhe vor den Bauch halten. Die Hände halten die beiden oberen Ecken in gleichem Abstand von der vorderen Mitte.

2 Die Tuchecken nach hinten zum Rücken führen und fest miteinander verknoten, die Zipfel hängen lassen.

3 Das zweite Tuch links auf links zum Dreick legen, sodass es fast so hoch ist wie der Rock. Das Dreieck mittig unter den Knoten auf dem Rücken legen, die Zipfel seitlich mit den Händen halten.

4 Die Tuchecken von den Seiten nach vorne ziehen und in der vorderen Mitte miteinander verknoten. Die Zipfel zur Seite zupfen oder nach unten hängen lassen.

Material
Seide, Viskose oder Baumwolle

Größe
2 Tücher 90 x 90 bis 110 x 110 cm

Anwendung
Als sommerlicher Rock

Unser Tipp

Da man selten zwei gleiche Tücher hat, hält man am besten in Kaufhäusern in der Tücherabteilung nach Sonderangeboten Ausschau.

Klassischer Pareo aus Spitze

Der traditionelle Rock der Polynesierinnen sorgt seit Jahren in allen südlichen Urlaubsgebieten für Furore, da er ganz schnell um die Hüften geschlungen ist. Im Handumdrehen ist Ihr Badeanzug oder Bikini up to date für einen Drink an der Strandbar oder einen Strandspaziergang.

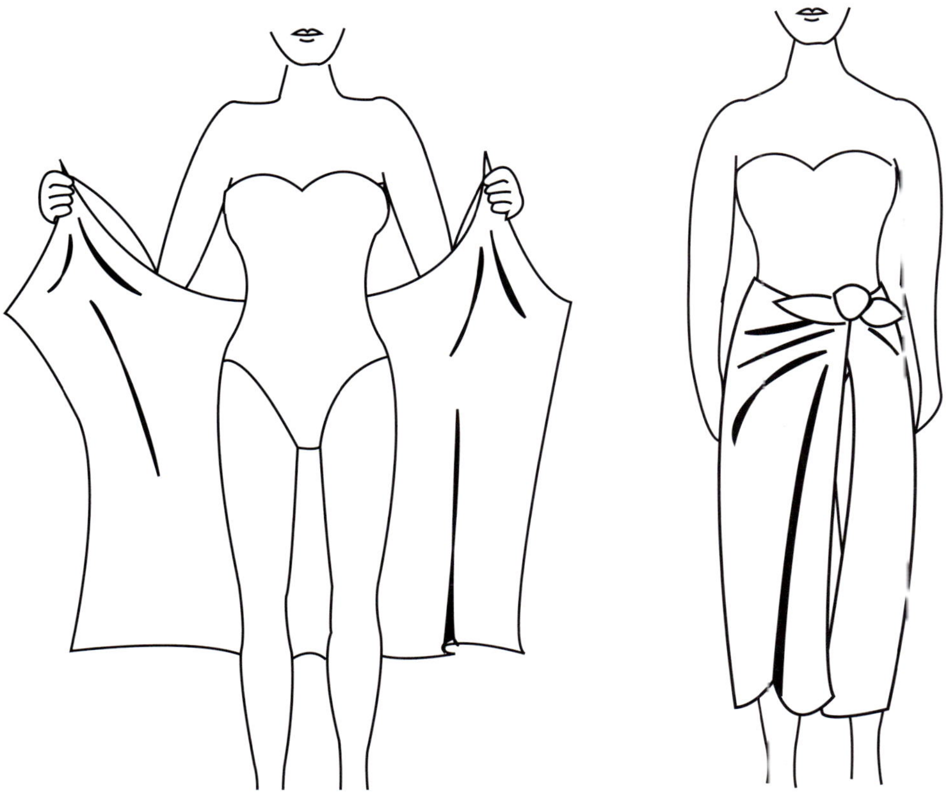

Material
Jedes fließende Material

Größe
Mindestens 90 x 160 cm

Anwendung
Als Rock oder Kleid über Badeanzug und Bikini

1 Das Tuch von hinten nach vorne um die Taille legen; dabei bildet die lange Tuchkante die Querkante, die beiden kürzeren bilden die vorderen herabhängenden Kanten. Ungefähr mit 20 bis 30 Zentimeter Abstand zu beiden Seiten der oberen Tuchecken (entsprechend der Taillenweite) die obere Stoffkante fassen und zu Zipfeln nach oben ziehen. Die Zipfel müssen so lang sein, dass damit ein fester Knoten gebunden werden kann.

2 Mit den Tuchzipfeln einen festen Knoten binden. Dieser kann entweder in der vorderen Mitte sitzen oder seitlich in Richtung Hüftknochen verschoben werden. Ist kein Spitzentuch in dieser Größe erhältlich, empfiehlt es sich, Meterware zu kaufen. Oft hat Spitze vom Meter eine Bogenkante, sodass nur noch drei Seiten eingesäumt werden müssen. Am einfachsten ist es, diese Kanten zweimal auf die linke Seite zu bügeln und dann zu steppen.

Unser Tipp

Ist Ihr Tuch zu klein für diese Wicklung, dann nähen Sie als Ersatz für die Zipfel zwei kleine Stoffschlaufen an die Oberkante. Durch diese ziehen Sie ein breites, farblich passendes Satinband und binden damit den Knoten.

Legerer Strandrock

Für diese Wicklung benötigen Sie ein Tuch, das mindestens die Länge Ihres zweifachen Hüftumfangs aufweist. Die Länge bleibt Ihren persönlichen Vorlieben überlassen. Besonders gut eignet sich Baumwolle, da diese eine griffigere Oberfläche als Seide hat und deshalb nicht rutscht.

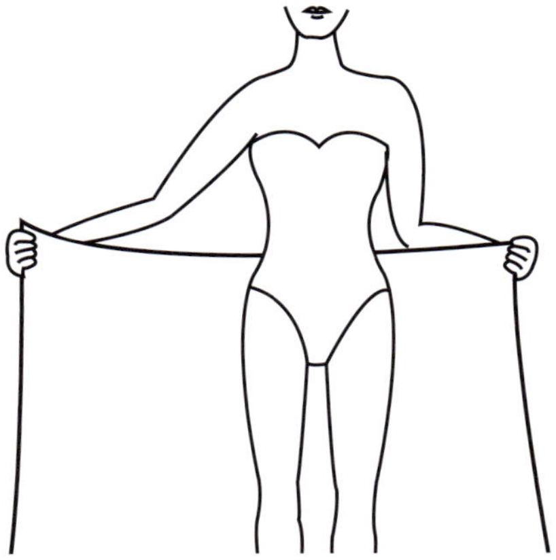

1 Das Tuch von hinten nach vorne um die Taille legen. Dabei sollte der Abstand der linken Tuchecke bis zum Körper ungefähr hüftbreit sein, die rechte Tuchecke sollte mindesten in doppelter Hüftbreite vom Körper entfernt sein.

2 Die linke Tuchecke in Taillenhöhe fest bis zum rechten Hüftknochen ziehen. Mit derselben Hand die Stoffkante der anderen Seite umfassen.

3 Nun mit der rechten Hand die Kante der längeren Seite etwa 15 Zentimeter breit einschlagen, dabei hält die linke Hand immer noch Tuchkante und -ecke fest.

4 Die eingeschlagene Kante zur linken Hüfte ziehen und dort unter die obere Rockkante stecken.

Material
Baumwolle

Größe
90 x 180 cm bis
90 x 220 cm

Anwendung
Als Strandrock

Unser Tipp

Ist Ihnen die Wicklung zu unsicher, dann formen Sie bei Schritt 2 je einen Zipfel aus der Tuchecke und der Oberkante des Tuchs und verknoten Sie diese über dem Hüftknochen. Erst dann weiter wickeln.

Weste und Abendkleid

Tücher sind modische Accessoires, mit denen Sie Ihre Garderobe geschickt verwandeln können. Schnell ändern Sie die Wirkung eines Abendkleides, wenn Sie ein transparentes Tuch als Weste darüber knoten. Mit der gleichen Technik und einem zweiten Tuch binden Sie ein vollständiges Abenkleid.

1 Das Tuch von hinten nach vorne unter den Armen durchziehen und mit beiden Händen halten.

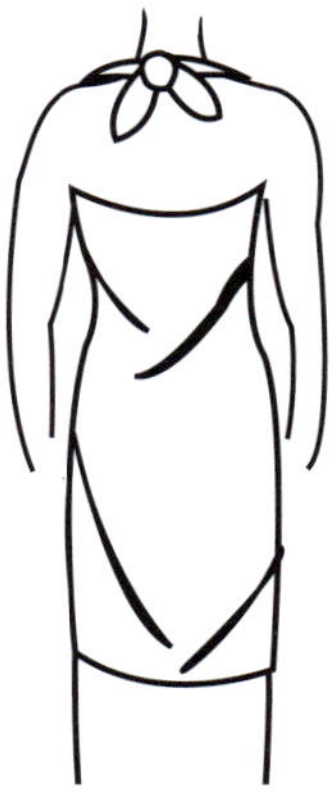

2 Die Ecken von den Achseln zum Nacken legen und im Nacken binden.

3 Ein Tuch über die Brust von vorne nach hinten legen und die Ecken im Rücken verknoten.

4 Das zweite Tuch von hinten nach vorne unter den Armen durchziehen; dabei liegt die obere Tuchkante unter dem Knoten des ersten Tuches. Die Ecken des zweiten Tuches im Nacken verknoten.

Material
Weste Seidenchiffon oder Viskose,
Kleid dünnes Jersey aus Baumwolle, Seide oder Synthetik

Größe
Weste 90 x 120 cm
Kleid pro Tuch 120 x 120 cm

Anwendung
Als Weste bzw. Kleid für den Abend, sehr figurfreundlich für größere Größen

Unser Tipp

Sie können die Länge des Abendkleides variieren, indem Sie die obere Kante des ersten Tuches nach außen oder innen umlegen. Das ergibt außerdem einen reizvollen Gestaltungseffekt.

Bequemes Strandkleid

Dieses Kleid ist mit wenigen Handgriffen schnell gewickelt und hat einen festen Sitz. Durch die tiefe Kellerfalte in der Mitte erhält es genügend Weite zum Gehen und verhüllt den Körper vor ungewünschten Einblicken.

Material
Seide, Viskose oder Baumwolle

Größe
140 x 240 cm

Anwendung
Als Strandkleid über Badeanzug und Bikini

1 Einen Tuchzipfel in die Hand nehmen, dann das Tuch über den Rücken, die Seite und die Vorderseite legen. Beide Tuchecken mit einer Hand festhalten. Mit der anderen Hand den seitlichen Stoffbruch halten. Den Pareo so ausrichten, dass die Abstände der Hände zum Körper auf beiden Seiten gleich groß sind. Bei dieser Wickeltechnik ist es wichtig, dass die Tuchlänge mindestens der zweieinhalbfachen Hüftweite entspricht. Die Breite des Tuchs bestimmt die Kleiderlänge, bei einer Körpergröße von 170 Zentimeter ist der fertig gewickelte Pareo etwa knöchellang.

2 Die Tuchecken auf beiden Körperseiten etwa 15 Zentimeter breit in Richtung der Körpermitte einschlagen.

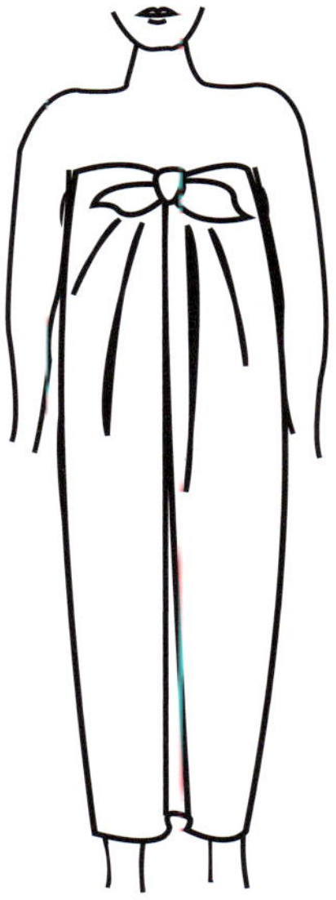

3 Die seitlichen Pareoecken unter den Armen hindurch zur Körpermitte führen und über der Brust verknoten.

Unser Tipp

Mit dieser Technik können Sie auch einen bequemen Rock knoten. Sie benötigen dafür ein 90 x 240 Zentimeter großes Tuch. Mit einem fließenden Stoff erzielen Sie eine besonders elegante Wirkung.

Asymmetrisches Wickelkleid

Die Möglichkeiten, einen Pareo zu binden, sind äußerst vielfältig, und die Wirkung ist immer wieder verblüffend anders. Natürlich spielen auch das Muster und die Farben des Tuchs eine entscheidende Rolle; probieren Sie deshalb neue Varianten durch Drehen des Tuchs aus.

1 Das Tuch von einer Achsel aus von vorne nach hinten um den Körper wickeln. Die Ecken als Zipfel mit den Händen halten.

2 Die rückwärtige, überstehende Tuchseite nach vorne über den vorderen Tuchzipfel ziehen.

3 Den vorderen Tuchzipfel unter der Achsel zur Körperrückseite führen. Beide Tuchecken um die Schulter legen und fest verknoten. Zu dieser Wickeltechnik gibt es noch zwei Varianten: Das Tuch so um den Körper legen, dass die vordere Seite länger ist als die rückwärtige. Die vordere Tuchecke über die hintere legen, diese unter der Achsel durchziehen und beide auf der Schulter verknoten. Ist das Tuch groß genug, die vorderen und hinteren Enden mit gleichem Abstand zum Körper festhalten und diese unter der Achsel überkreuzen. Die Tuchenden zur gegenüberliegenden Schulter führen und dort verknoten.

Material
Jersey aus Viskose, Baumwolle oder Seide

Größe
150 x 150 cm

Anwendung
Über schulterfreiem Badeanzug oder Bikini

Unser Tipp

Hat Ihr Pareo einen leichten Stretcheffekt, wie das bei Jersey der Fall ist, dann ist der Tragekomfort umso größer.

Sonnendress mit Nackenträger

Eine Wickeltechnik, die auf attraktive Art und Weise verhüllt und keine ungewollten Einblicke zulässt, selbst wenn eine starke Brise aufkommt. Das Tuch umschmiegt den Körper figurbetont. Mit einem Seidentuch können Sie damit auf jeder Sommerparty glänzen.

Material
Jede Stoffart

Größe
140 x 140 cm oder größer

Anwendung
Als Bade- oder Abendkleid

1 Das Tuch unter den Armen um den Rücken legen und beide Tuchecken mit gleichem Abstand zum Körper in den Händen halten.

2 Die linke Tuchecke nach oben zur rechten Schulter führen.

3 Die rechte Tuchecke zur linken Schulter nach oben ziehen, dabei beide Zipfel möglichst lang ausformen.

4 Die Tuchzipfel im Nacken fest miteinander verknoten. Je länger die Zipfel herabhängen, umso geschlossener erscheint der Ausschnitt auf der Vorderseite.

Unser Tipp

Sie können das Kleid für die Party mit einer Brosche am Ausschnitt oder mit einem eleganten Gürtel feminin betonen.

Reizvolle Hülle

Die vorderen Kanten des Pareos fallen weich fließend am Körper herab. Jede Ihrer Bewegungen wird charmant durch die Falten des Tuchs unterstrichen. Für den Abend kreieren Sie mit einem Tuch in dunklen Tönen und einer schmalen Hose ein exotisches Outfit.

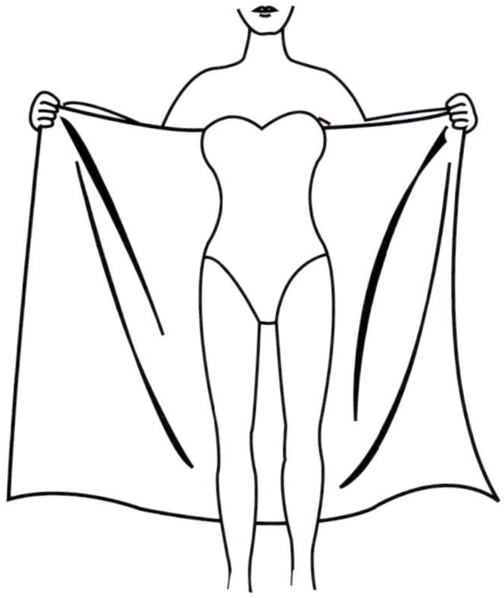

1 Das Tuch um den Rücken legen und beide Tuchecken mit gleichem Abstand zum Körper halten.

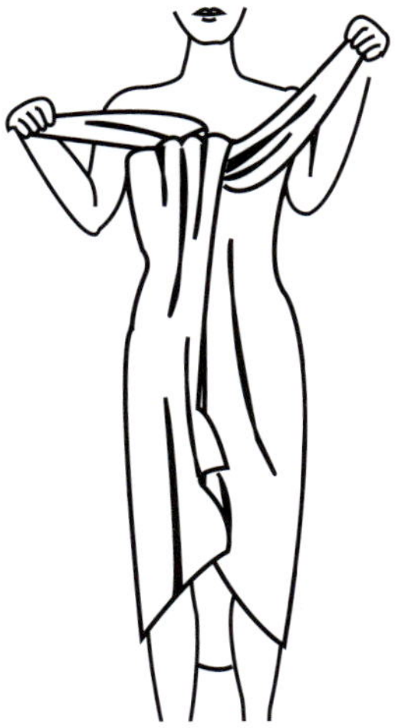

2 Die Tuchecken zur vorderen Mitte ziehen und über der Brust mit einem halben Knoten binden.

Bei dünnem Stoff kann auch ein doppelter Knoten geknüpft werden. Damit der Knoten wegen der Stofffülle nicht so dick wird, ist es am besten, die Tuchzipfel leicht zur Kordel zu drehen, dann den Knoten zu binden und die Zipfel danach wieder aufzudrehen.

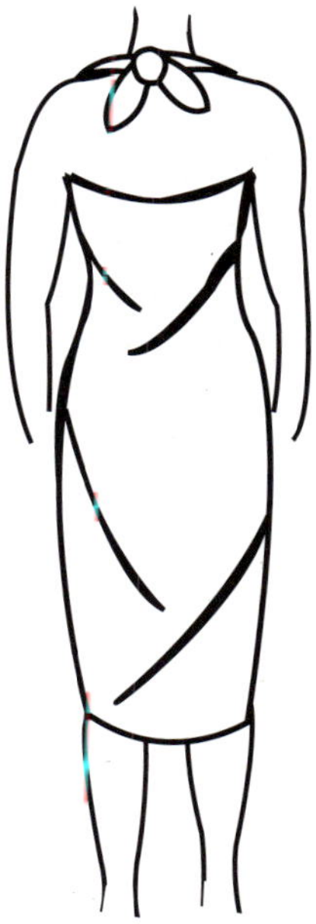

3 Die Tuchenden im Nacken miteinander verknoten. Je nach Länge der Tuchecken entweder die Zipfel vom vorderen Knoten aus zur Kordel drehen oder aber nur für den Knoten im Nacken verdrehen. So sitzt im Nacken der Knoten viel bequemer.

Material
Seide, Baumwolle oder Viskose

Größe
Mindestens 120 x 150 cm

Anwendung
Als Strandkleid oder Abendkleid mit Hose

Unser Tipp

Mit einem 90 Zentimeter breiten Tuch können Sie in dieser Technik eine elegante Bluse über einem engen Rock oder einer Hose binden.

Abendkleid mit Transparenz

Ein halbtransparenter Stoff mit einem eingewebten Muster, das jeden Durchblick verwehrt, eignet sich bestens für ein Partykleid, mit dem Sie für Furore sorgen werden. Da Sie ein längeres Tuch benötigen, sollten Sie auf Meterware zurückgreifen und die Kanten selbst einsäumen.

Material
Alle fließenden Stoffarten

Größe
140 x 280 cm

Anwendung
Als Abend- oder Strandkleid

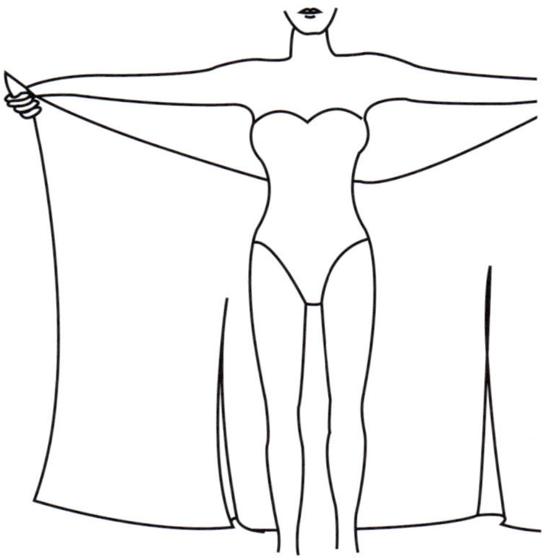

1 Das Tuch um den Rücken legen und die Enden mit gleichem Abstand zum Körper in beiden Händen halten.

2 Die Tuchenden im Nacken mit kurzen Zipfeln miteinander verknoten; dabei hängt das Tuch im Rücken in einem weiten Bogen herab. Die vorderen Kanten des Tuchs sind parallel nebeneinander und offen.

3 Mit beiden Händen die herabhängenden Tuchkanten in Taillenhöhe fassen und zu Zipfeln formen. Diese Zipfel zur vorderen Mitte ziehen und in Brusthöhe oder unterhalb miteinander verknoten. Die Tuchecken müssen dabei so weit nach vorne gezogen werden, dass die Tuchkante im Rücken und unterhalb der Brust fest anliegt. Die Stofffalten über der Brust bis zum Nacken auseinander ziehen und gleichmäßig formen.

Unser Tipp
Mit einem kleinen Abendtäschchen und passenden Pumps sind Sie hochelegant und exklusiv gekleidet für eine abendliche Einladung.

Exotischer Sari

An Eleganz und Anmut ist die Wirkung dieser Wickeltechnik kaum zu überbieten. Der Sari ist vollwertiger Ersatz für ein Abendkleid und betont Ihre Figur äußerst vorteilhaft, da er von der Brust abwärts ganz schmal gewickelt ist.

1 Die Schmalseite des Tuchs von hinten nach vorne bis in Taillenhöhe über eine Schulter legen und den Stoff am Körper mit der Hand festhalten.

2 Die lange Stoffbahn um den Rücken legen und unter der Achsel zur vorderen Körperseite durchziehen.

3 Die Stoffbahn noch einmal um den Rücken legen und fest zur Seite ziehen.

4 Den Stoffzipfel nach vorne ziehen und in die vorherige Querwicklung einstecken. Ist das Tuch für die letzte Wicklung zu kurz, den Stoffzipfel auf dem Rücken lassen und als Gegenstück zum Binden einen Zipfel von dem Stoff, der die Brust bedeckt, neben dem Arm herausziehen, unter dem Arm nach hinten durchziehen und miteinander verknoten.

Material
Alle dünnen und fließenden Stoffarten

Größe
140 x 250 cm

Anwendung
Als Abendkleid

Unser Tipp

Sie können für diese Wicklung auch einen halbtransparenten Stoff verwenden, da der Stoff mehrfach übereinander liegt und somit undurchsichtig wird.

Tücher und Schals von A bis Z

Abendkleid 82, 92
Abendtop 68
Ausschnittdrapierung 14, 24
Bade- und Abendkleider 82
Bikinioberteil 62
Cabriotuch 46
Elegante Bluse 56, 66
Faltenwurf 26
Farbberatung 8
Feminine Rose 40
Geknotetes Stirnband 50
Geschlungener Schal 34
Großer Kragen 28
Gürtel 72, 74
Klassischer Pareo 78
Kopftücher und Schals 46
Kordelschal und Knotentuch 38
Kragentücher 18
Krawattenknoten 16
Langes Haar verknotet 54
Oberteile 56
Orientalisches Stirnband 48
Pashminarock und -kleid 70
Plisseeschleife aus einem Tuch 44
Plisseeschleife aus Schal 36
Qualität und Pflege 10
Reizvolle Hülle 90
Reversknoten 12
Rock aus zwei Tüchern 76
Rollkragen und Wasserfall 30
Sari 94
Schleifen 42
Schultertuch 23
Sonnendress 88
Sonnentops 58, 60
Strandkleid 84
Strandrock 80
Taillendrapierungen 72
Tücher mit Ketten 20
Tücher säumen 11
Turban 52
Verschlungenes Tuch 32
Wickelkleid 86
Wickeltop 64
Wickeltechniken um den Hals 12

Über dieses Buch

Weltbild Buchverlag
-Originalausgaben-

Fotografie: Inge Ofenstein, München
Redaktion: Sylvie Hinterberger
Bildredaktion: Susanne Allende
Grafiken/Zeichnungen: Heidi Grund-Thorpe
Umschlag: X-design, München
Layout / Satz: Barbara Grüble, Neufahrn
Reproduktion: kaltnermedia GmbH, Bobingen
Druck und Bindung: Druckerei Appl, Wemding
Printed in Germany

ISBN 3-89604-214-9

Die Autorin

Heidi Grund-Thorpe ist ausgebildete Kunsterziehungs- und Werklehrerin sowie Grafikdesignerin. Seit vielen Jahren arbeitet sie im Kreativbereich für Frauenzeitschriften und veröffentlichte zahlreiche Bücher zu einem weit reichenden Themenspektrum.

Die Fotografin

Inge Ofenstein arbeitet seit vielen Jahren als Fotografin für Werbung und Verlage. Ihre Fotoarbeiten wurden durch die Teilnahme bei der Expo 1998 als Mitglied der Künstlergruppe »Manna, Kunst für das Volk« ausgezeichnet.